ANDERSSON/LINDBERG

JUNGE PFERDE AUSBILDEN

ANDERSSON/LINDBERG

JUNGE PFERDE AUSBILDEN

FRÜHE FÖRDERUNG – SCHONENDES TRAINING

blv

Die Deutsche Bibliothek –
CIP-Einheitsaufnahme

Ein Titeldatensatz für diese Publikation
ist bei Der Deutschen Bibliothek erhältlich.

BLV Verlagsgesellschaft mbH
München Wien Zürich
80797 München

Titel der schwedischen Originalausgabe:
Unghästar
Uppväxt, hantering,
inridning och träningsfysiologi

Bildnachweis

Umschlaggestaltung: Joko Sander, Werbeagentur, München

Umschlagfotos: Lothar Lenz (Vorderseite), Ramona Dünisch (Rückseite oben), Marie Paulsson-Bertmar (Rückseite links), Peter Prohn (Rückseite rechts)
Fotos: S. 11 Roland Thunholm, S. 20 Schwedische Pferdeorthopädie Torgny Wiberg, S. 131 Hippo Marin, Fjärs
Alle anderen Fotos: Marie Paulsson-Bertmar

Übersetzung aus dem Schwedischen
von Anne Görblich-Baier

Lektorat: Manuela Stern
Layout: Volker Fehrenbach
Herstellung: Manfred Sinicki

Druck: BOSCH-DRUCK, Ergolding
Bindung: Conzella, München

Gedruckt auf chlorfrei gebleichtem Papier

Printed in Germany · ISBN 3-405-16186-X

Die Autoren

Charlie Lindberg ist ein erfahrener Tierarzt und Züchter, der aus der Praxis weiß, wie ein frühes Training den Körper des Jungpferdes beeinflusst.

Ingrid Andersson hat als Fachjournalistin bereits umfassende Artikelserien über Pferdepsychologie und Konditionstraining geschrieben, u. a. eine Veröffentlichung in der Pferdezeitschrift »Aixcours«.

INHALT

VORWORT

VIELE PFERDE bekommen nie die Chance zu zeigen, was tatsächlich in ihnen steckt, weil sie viel zu spät eingeritten wurden – dann häufig mit stark forcierter Ausbildung und Verschleißschäden als Folge.
Heute wissen wir dank schwedischer Forscher, dass die gesamte Phase der ersten fünf Lebensjahre eines Pferdes für den Aufbau und die Beeinflussung der Skelettstabilität sowie das Entwicklungsvermögen der Muskeln am wichtigsten ist. Ein Pferd, das während der Zeit seines Heranwachsens in angemessenem Tempo ausgebildet wird, hat somit die größten Chancen hohe Leistungen zu erbringen und widerstandsfähig zu werden.

Wir möchten beim Leser das Interesse für die Abläufe im Körper des Pferdes wecken – vom Stadium des Fohlens bis hin zum Jungpferd – und Tipps geben, wie man während dieser Zeit mit ihm arbeiten kann. Mit den Hilfen des Buches können Sie ein sinnvolles Konditionstraining aufbauen und verhindern, dass Ihr Pferd überanstrengt wird. Außerdem findet der Leser konkrete Vorschläge, wie Kraft und Schnelligkeit bei Pferden von früh auf trainiert werden können.

Wir hoffen, dass dieses Buch ein Ratgeber und eine Inspirationsquelle für alle ist, die sich mit Jungpferden beschäftigen.

Charlie Lindberg & Ingrid Andersson

Anforderungen an das heutige Pferd

»Unsere Pferde entwickeln sich nicht später als andere. Wir sind es, die sie unnötig lange auf der Weide lassen.«

ROYNE ZETTERMANN
Springreiter in der Schwedischen Nationalmannschaft

Die Entwicklung in den verschiedenen Reitsportarten hat dazu geführt, dass immer größere Anforderungen an das heutige Pferd gestellt werden. Wir möchten ein Individuum haben, das nicht nur über Talent und ein zweckentsprechendes Exterieur verfügt, sondern leicht zu handhaben und arbeitswillig ist. Dazu sollte es eine hohe Rittigkeit und Ausdauer besitzen und geistig optimal entwickelt sein.
Die Maßstäbe, die wir anlegen – Test der Dreijährigen, Qualitätsbeurteilung und erste Turnierstarts – prämieren frühe Entwicklung und Reife. Damit werden große Anforderungen an den Züchter und den Ausbilder gestellt. Es ist wichtig, bereits früh mit der Ausbildung des Pferdes zu beginnen und die Jungpferd-Phase nicht als »Transportstrecke« zu betrachten. Das Pferd einfach so bis zu seinem dritten Lebensjahr existieren zu lassen, um dann »alles zu machen« ist verwerflich. Nicht nur, weil das Pferd dann vielleicht schwierig im Umgang wird, sondern mehr aufgrund physiologischer Aspekte. Man weiß heute, dass der Pferdekörper in den ersten fünf Jahren am stärksten beeinflussbar ist und die Voraussetzungen dafür geschaffen werden können, die maximale Kapazität für später aufzubauen.

Egal, wozu die Pferde später eingesetzt werden, alle sollten eine Grundausbildung bekommen, als würden sie bei einer Vielseitigkeitsprüfung antreten.

Der Zeitraum vom Absetzen bis zum Alter von anderthalb Jahren wird von Forschern auf dem Gebiet der Trainingsphysiologie einstimmig als die wichtigste Phase im Leben eines Pferdes betrachtet. Diese Zeit gilt es nicht zu vergeuden, sondern auf die bestmögliche Art zu nutzen.
Die Möglichkeit, ab dem vierten Lebensjahr an Turnieren teilnehmen zu können, macht diese Forderung noch zwingender. Welcher Reiter möchte schon Zeit, Energie und Geld in ein vielversprechendes Pferd investieren, das nicht richtig aufgezogen und auf seine zukünftige Arbeit vorbereitet wurde? Das Wissen und Geschick des Züchters gewinnt immer mehr an Bedeutung und die Antwort auf die Frage »Wie wurde dieses Pferd aufgezogen?« entscheidet in manchen Fällen darüber, ob ein Pferd gut verkauft werden kann oder nicht.

Frühe Reife

Die Pferde, die in Deutschland, Holland, Irland und anderen Ländern mit wärmerem Klima als in den nordischen Breitengraden aufgezogen werden, scheinen allgemein früh entwickelt zu sein. Sie zeigen eine größere Gewandtheit und Reife als die im Norden aufgewachsenen. Das kann zum Teil auf die Abstammung zurückzuführen

Die Maßstäbe, die wir heute anlegen, honorieren frühe Entwicklung und Reife. Dieses Bild zeigt eine Leistungsprüfung für Halbbluthengste.

sein, sicher spielt aber die Anzahl der Sonnenstunden auch eine große Rolle. Südlich von Dänemark gibt es im Durchschnitt 30 Sonnentage mehr pro Jahr und somit ist die Weidesaison länger. Licht spielt eine wesentliche Rolle, wenn es um eine normale Entwicklung der Tiere geht.
Irland ist eines der Länder in Europa, das mit das beste Klima für die Aufzucht von Pferden zu besitzen scheint. Dort können die Tiere zehn Monate auf die Weide, die Böden sind kalkhaltig und die Temperatur fällt selten unter -6 ° Celsius ab. Aufgrund dieser Tatsache schicken zahlreiche Züchter von Trabern und Galoppern aus vielen Ländern Fohlen nach dem Absetzen für einige Jahre nach Irland.

Voraussetzungen für ein optimales Aufwachsen und eine solide Grundausbildung:

- Ausgewogene Futtergaben
- Sorgfältige Hufpflege
- Korrektur von Anomalien am Exterieur
- Parasitenbekämpfung und Impfungen
- Verhalten, das Vertrauen zu und Respekt vor den Menschen einflößt
- Viel Bewegung in den ersten Jahren. Wiederholte Ab- und Aufbauzyklen des Gewebes machen die Stärke und Qualität des Pferdekörpers aus. Das wird durch regelmäßiges Bewegen des Pferdes erreicht und muss vor seinem fünften Lebensjahr geschehen.
- Individuell angepasster Aufbau einer guten Grundkondition. Das ist die Basis, auf der jedes weitere Training aufbaut. Wenn eine richtige Grundlage vorhanden ist, wird das Pferd auch in Ruhezeiten oder einer eventuellen Genesungspause seine Kondition nie ganz verlieren. Ein gut trainiertes Pferd gewinnt schneller seine ursprüngliche Kondition zurück als eines mit einer schlechteren Grundkondition.

Jeder dieser Punkte wird in den folgenden Kapiteln einzeln behandelt und bietet anhand von Beispielen verschiedene Lösungen und praktische Ratschläge für jeden Zeitabschnitt während des Heranwachsens.

Das Jungpferd braucht einen Betreuer

Bei der Aufzucht und Ausbildung werden andere Anforderungen an das Pferd gestellt als beim Training für Wettkämpfe. Geduld und Konsequenz sind wichtige Eigenschaften, die der Mensch haben sollte, der das junge Pferd in den ersten Lebensjahren betreut. In dieser Zeit ist das Jungpferd offen für Prägung und nimmt problemlos neue Eindrücke und Erfahrungen auf, die auf positive Weise bei der Erziehung genutzt werden sollten.
Wichtig ist, sich stets vor Augen zu halten, dass alle Pferde Individuen sind und unterschiedlich auf die gestellten Anforderungen reagieren. Die

Eignungsprüfungen und spezielle Prüfungen für Vierjährige bieten bereits viele Möglichkeiten an Turnieren teilzunehmen.

Tiere werden auch unterschiedlich reif, sogar Geschwister können sich stark voneinander unterscheiden. In der Regel brauchen groß gewachsene Pferde längere Zeit, bis sie sich entwickelt haben und genügend Stabilität besitzen, um ein verschärftes Training durchstehen zu können. Man muss deshalb die ganze Zeit die Entwicklung jedes Pferdes genau verfolgen und sich überlegen, wie das weitere Training ablaufen soll.
Die Veranlagung für eine frühe beziehungsweise späte Entwicklung ist von Abstammung zu Abstammung verschieden. Deshalb ist es von großem Vorteil, so viel wie möglich über die Persönlichkeitsstruktur in der Abstammung des Pferdes zu wissen.

Teilnahme an einem Jungpferde-Kurs

Auch wer sich sonst nicht mit der Aufzucht von Pferden beschäftigt, kann Spaß darin finden, selbst sein Pferd von Grund auf auszubilden. Durch den Kauf eines Absatzfohlens hat man die Möglichkeit, den ganzen Weg bis zum fertigen Pferd mitverfolgen zu können.
Zuchtverbände und lokale Zuchtvereine bieten manchmal Kurse über die Aufzucht von Jungpferden an. Dorthin kann man sich Hilfe suchend mit Fragen wenden – angefangen mit der richtigen Handhabung von Jährlingen bis hin zur Körung und zum Einreiten. Wenn die Jungpferde

Ein spezifisch auf eine Reitsportart bezogenes Training beginnt erst, wenn das Pferd fünf Jahre alt ist.

in der Gruppe arbeiten dürfen, fühlen sie sich sicher und der ungeübte Ausbilder kann sich Rat und Unterstützung von erfahrenen Pferdefachleuten oder Züchtern holen.

Ein Ziel setzen

Training und Ausbildung müssen ein bestimmtes Ziel verfolgen. Der Weg dorthin wird von festgelegten Teilzielen für jeden wichtigen Lebensabschnitt eines Pferdes bestimmt. Sollte das übergreifende Ziel darin bestehen, dass das fünfjährige Pferd in einer Disziplin zur Spitze seines Jahrgangs gehört, dann muss die Grundlage dafür bereits bei dem kleinen Fohlen geschaffen werden.

Heute lassen sich die Anlagen und Voraussetzungen eines Pferdes oder Ponys ziemlich früh durch die Teilnahme bei Fohlenschauen, in Basis- und Aufbauprüfungen, einer Art Qualitätsbeurteilung und dergleichen einschätzen. Mit der Einführung von Eignungsprüfungen wurde in Deutschland der Einstieg in den Turniersport für junge Pferde wie auch für Nachwuchsreiter vorbildlich geregelt. Diese Prüfungen führen junge Pferde in angemessener Form an das Turniergeschehen heran, lassen die Fähigkeiten und Eigenschaften der Pferde erkennen und dienen der Überprüfung der Grundausbildung.

Bei diesen Veranstaltungen kann man folglich besser bewerten, wo das eigene Pferd im Verhältnis zu Gleichaltrigen steht und außerdem macht das Jungpferd nützliche Erfahrungen. Im Transporter zu fahren und in eine neue Umgebung zu kommen, sind wertvolle Lernschritte für das junge Pferd.

Wenn wir in den kommenden Kapiteln den Weg des Fohlens bis ins Erwachsenenalter verfolgen, ist die Periodeneinteilung biologischer Natur. Sie wird mit Beginn des Frühjahrs des Jahres gerechnet, in dem das Fohlen geboren wurde.

Vorschläge für Teilziele

0 – ca. 7 Monate	Gewöhnung an den Menschen, langsame Fütterungsänderung, Fohlenschau, undramatisches Absetzen.
7 Monate – 1 1/2 Jahre	Freies Herumlaufen und/oder Aktivitäten wie freier Galopp, Führen an der Hand, Gewöhnung an Trense, Sattel und Geschirr.
1 1/2 – 2 1/2 Jahre	Bodenarbeit, eventuell Einfahren, Freispringen, erstes Anreiten.
2 1/2 – 3 Jahre	Longieren und Einreiten.
3 – 4 Jahre	Vielseitige Ausbildung inklusive Springen, Grundausbildung mit leichtem Krafttraining, Teilnahme an Eignungsprüfungen für Dreijährige.
4 – 5 Jahre	Schnelligkeitstraining sowie ein mehr auf eine spezielle Reitsportart hin ausgelegtes Training, Leistungsprüfungen bei Turnieren.

Die ersten 7 Monate des Fohlens

»Das Fohlen muss von Anfang an lernen, ein Halfter zu tragen. Legen Sie es ihm an, wenn es erst zwei oder drei Tage alt ist und Sie bekommen ein zutrauliches Fohlen. Warten Sie nicht damit, bis es vier oder fünf Monate oder vielleicht noch älter ist.«

Roland Fransson
Züchter in der vierten Generation, Materialrichter

Streicheln Sie das Fohlen und geben Sie ihm Vertrauen zu den Menschen.

»Vielleicht sind diese Menschen ja gar nicht so gefährlich ...«, scheint dieses Fohlen zu denken.

Wenn das Abfohlen gut verlaufen ist und Stute und Fohlen wohlauf sind, hat die sofortige Annahme des Fohlens durch die Mutter große Bedeutung. All die Zeit und Aufmerksamkeit, die man dem Fohlen in diesem frühen Stadium schenkt, bekommt man später in Form eines umgänglichen erwachsenen Pferdes zurück, das es akzeptiert, geschoren, beschlagen, geputzt und entwurmt zu werden. Nützt man die Periode im Leben eines Fohlens, in der es besonders empfänglich für Eindrücke jeder Art ist, muss man sich nicht allzu viel um das Kleine kümmern, wenn es im Sommer auf der Weide ist.

Folgende Teilziele sollten beim Fohlen vor dem Absetzen erreicht sein:

- dass Vertrauen zu den Menschen besteht
- dass es sich an das Halfter gewöhnt hat
- dass es sich führen lässt
- dass es sich anbinden lässt
- dass es sich putzen lässt
- dass es sich am ganzen Körper streicheln lässt, auch an den Ohren
- dass es die Hufe gibt

Um ein Fohlen besser zu verstehen, muss man wissen, was Pferde für Wesen sind und wie sie miteinander kommunizieren.

Die geistige Entwicklung

Ein neugeborenes Fohlen folgt dem ersten großen, beweglichen Gegenstand, mit dem es nach der Geburt in Kontakt kommt. Alle Sinne sind für seine Prägung weit geöffnet. Fohlen werden geboren, ohne zu »wissen«, dass sie Pferde sind. Es ist allein der Kontakt mit der Mutter und ihr Verhalten dem Fohlen gegenüber, durch den es alles lernt. Nimmt man in diesen ersten Lebensstunden, in denen alle Sinne des Fohlens aufnahmebereit sind, die Gelegenheit wahr und

Wird das Fohlen früh daran gewöhnt, die Hufe zu geben, stellt das in Zukunft kein Problem mehr dar. Das Fohlen muss korrekt auf griffigem Boden stehen, wenn es die Hinterbeine geben soll.

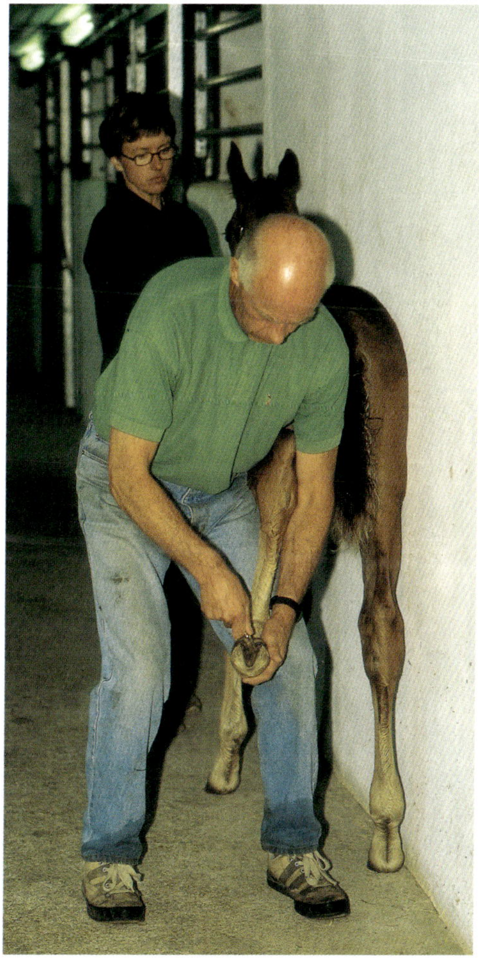

Das Fohlen sollte neben der Mutter gehen, wenn es lernt, geführt zu werden.

macht sich mit dem Fohlen vertraut, kann damit eine wichtige Vertrauensbasis für die Zukunft geschaffen werden. Das Fohlen bezieht dann sowohl die Stute als auch den Menschen in seine Lernwelt ein.

Streicheln Sie das Fohlen am ganzen Körper, auch an Ohren, Maul, Flanken und der Innenseite der Hinterhand. Das sind alles äußerst sensible Stellen.

Wenn die Stute draußen gefohlt hat, sollte sie mit dem Fohlen einige Tage in den Stall geholt werden, damit der wichtige Kontakt mit dem Fohlen hergestellt werden kann.

In den ersten Wochen muss das Fohlen lernen, die Hufe zu geben, damit sie untersucht werden können. Weiterhin sollte es sich führen und anbinden lassen; mit so einem jungen Fohlen kommt es dabei selten zu Problemen.

Im Umgang mit dem Fohlen sollte man sich stets vorher genau überlegen, was man mit ihm tun möchte, so dass alle Handlungen vollkommen ruhig ablaufen. Ist das Fohlen daran gewöhnt, gestreichelt zu werden, lässt es sich auch ein weiches Fohlenhalfter überziehen.

Tierärztlicher Rat

Druckstellen. Es ist wichtig, ein tiefes, aber festes Strohbett in der Box aufzuschütten, damit das neugeborene Fohlen sich nicht am Boden aufscheuert. Neben vernachlässigter Nabelpflege sind Druckstellen an den Gelenken oft die häufigste Ursache für ernsthafte Infektionen.

Diarrhöe. Im Zusammenhang mit der Rosse der Stute (fünf bis zehn Tage nach dem Abfohlen sowie drei Wochen später) bekommt das Fohlen oft Durchfall. Er geht nach der Rosse vorbei. Ist das nicht der Fall, kann es damit zusammenhängen, dass das Fohlen zu viel Salz zu sich genommen hat. Manche Fohlen finden es äußerst interessant und lieben es, am Salzleckstein zu schlecken. Entfernen Sie einige Tage den Stein. Sollte sich der Stuhlgang nicht stabilisieren, sondern noch wässriger werden, müssen Sie den Tierarzt zu Rate ziehen.

Das empfiehlt sich jedoch nicht in der Box bei Anwesenheit der Stute.
Wenn das Fohlen die ersten Male geführt wird, legen Sie einen Arm um die Hinterhand, um es nach vorn anzutreiben, oder Sie bitten eine andere Person um Hilfe. Lassen Sie das Fohlen neben der Mutter laufen, dann fühlt es sich sicher. Wird das Kleine zum ersten Mal angebunden und fühlt es, dass es festsitzt, sträubt es sich oft ein wenig und setzt sich manchmal auf die Sprunggelenke. Aber es lernt sehr rasch, dass sich das Seil nur lockert, wenn es nach vorn geht. Lassen Sie das Fohlen dabei niemals allein!

Ermüden Sie das Fohlen nicht, sondern beschäftigen Sie sich mit ihm immer wieder für eine kurze Zeit auf ruhige und ausgeglichene Art.

Bewegung im Freien

Wenn das Wetter nicht ausgesprochen schlecht ist, kann das Fohlen bereits vom ersten Tag an eine Weile draußen sein. Bereiten Sie die Weide dafür vor und entfernen Sie auf dem Weg vom Stall dorthin alles, an dem sich das Fohlen verfangen oder verletzen könnte. Fohlen haben Schwierigkeiten, die neue Welt, in die sie hinauskommen, zu überblicken und können ganz irrational irgendwo hineinspringen. Das bedeutet nicht, dass sie blind sind, sondern einfach nur, dass ihnen die Erfahrungen fehlen.
Spannen Sie auf dem Weg zur Weide am besten an beiden Seiten ein Seil. Das Gatter können Sie beispielsweise dadurch markieren, dass Sie den Elektrozaun entlang weiße Klebebänder anbringen.
Wenn sich das Fohlen die ersten Male im Freien aufhält, sollten Sie eine schöne große Weide dafür aussuchen und die Stute am Führstrick halten. Fohlen haben den Drang zu galoppieren und ziehen immer weitere Kreise um die Mutter. Hält man die Stute fest, hat man auch die Situation im Griff. Anfangs kann es ganz schön wild hergehen, wenn das Fohlen lernen muss, anzuhalten. Dabei schlägt es so manchen Purzelbaum. Aber nur aus solchen Erfahrungen lernt es.
Rechnen Sie auch damit, dass das Fohlen einige Male in den Elektrozaun springt und sich darin verheddert. Stellen Sie jedoch den Strom nicht vorher ab, sonst lernt das Fohlen nie mit diesem Problem umzugehen. Lassen Sie den Strom an und halten Sie sich bereit, um einzugreifen, falls das Fohlen von allein nicht mehr loskommt.
Beobachten Sie die Stute und ihr Fohlen die ersten Male, wenn sie draußen sind.
Die Stute braucht keine Hufeisen und sollte in dieser Zeit unbeschlagen sein.

Fohlen sind kein Spielzeug

Alles, was dem ganz jungen Fohlen beim Spielen erlaubt wird, glaubt es auch tun zu dürfen, wenn es älter ist. Es ist deshalb höchst unklug, beispielsweise ein Hengstfohlen vor sich steigen zu lassen und ihm dabei die Vorderbeine zu halten. Das sieht zwar bei einem kleinen Fohlen eindrucksvoll aus, kann aber mit einem erwachsenen Pferd zu einer gefährlichen Situation führen.

Tierärztlicher Rat

Fehlerhafte Beinstellungen. Viele Stutenbesitzer sind sehr enttäuscht, wenn sie dem neugeborenen Fohlen zusehen, wie es seine langen Beine gerade richtet. Sie gehen entweder in einem Stück bis zu den Fesseln hinunter oder die Hintergliedmaßen sind bogenförmig. Das ist ganz normal und bildet sich in einigen Wochen von selbst wieder zurück. Besteht dagegen eine Stellungsanomalie länger als zwei Wochen, kann eine Korrektur vonnöten sein. Da solche Eingriffe so früh wie möglich vorgenommen werden sollten, ist es zu empfehlen, sich mit einem Tierarzt über alle Fohlen, die eine stark abweichende Beinstellung zeigen, zu beraten.
Stuten, die immer wieder gravierende Stellungsanomalien vererben, sollten Sie aus der Zucht nehmen. Die Beine eines Fohlens zu korrigieren, ist kostspielig und mit viel Arbeit verbunden. Dazu kommt, dass man nicht alle Anomalien zufriedenstellend korrigieren kann.

Sehnenverkürzung (Stelzfuß) bedeutet, dass das Bein nicht normal ausgestreckt werden kann. Diese Kontraktur der tiefen Beugesehne tritt in unterschiedlich schwerer Form auf. In einfachen Fällen kann es helfen, mit dem Fohlen einige Male am Tag Dehnübungen zu machen, einen Stützverband anzulegen und es im Schritt auf einem festen Untergrund herumzuführen. In ernsteren Fällen muss zusätzlich noch ein orthopädischer Beschlag mit verlängerter Zehe angebracht werden oder aber das Bein wird eingegipst.
Die Sehnenverkürzung kann sowohl angeboren sein als auch später aufgrund eines zu schnellen Skelettaufbaus auftreten.

Fohlenbockhuf. Der Fohlenbockhuf hat eine extrem steile Stellung, durch welche die Zehe unverhältnismäßig stark belastet wird. Dieser Stellungsfehler kann mit gutem Erfolg durch orthopädischen Beschlag korrigiert werden, im schlimmsten Fall durch eine Operation. Dabei werden die unteren Unterstützungsbänder der Beugesehne durchgeschnitten.

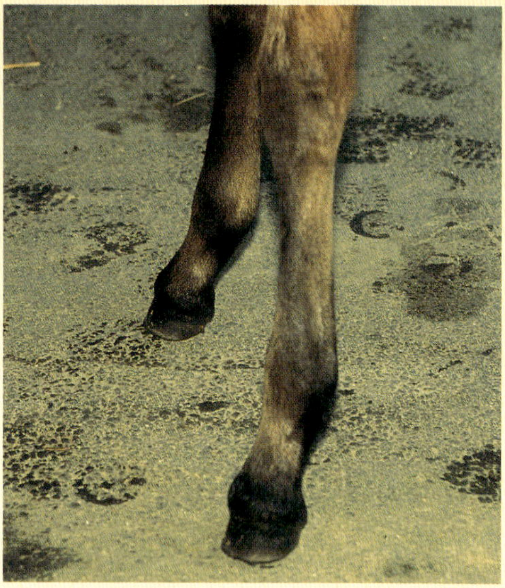

Fohlen mit Stelzfuß: Bei diesem Stellungsfehler kann das Fesselgelenk nicht richtig ausgestreckt werden.

Durchtrittigkeit. Das Fohlen tritt im Fesselgelenk durch, so dass es den Boden damit berührt. Die Haut muss mit einem Heftpflaster vor Abschürfungen geschützt werden. Die Hufe werden geraspelt, so dass die Sohle plan ist. Ein orthopädischer Beschlag mit verlängerten Trachten kann helfen.
Ein Stützverband und Gips sind in diesem Fall völlig ungeeignet.

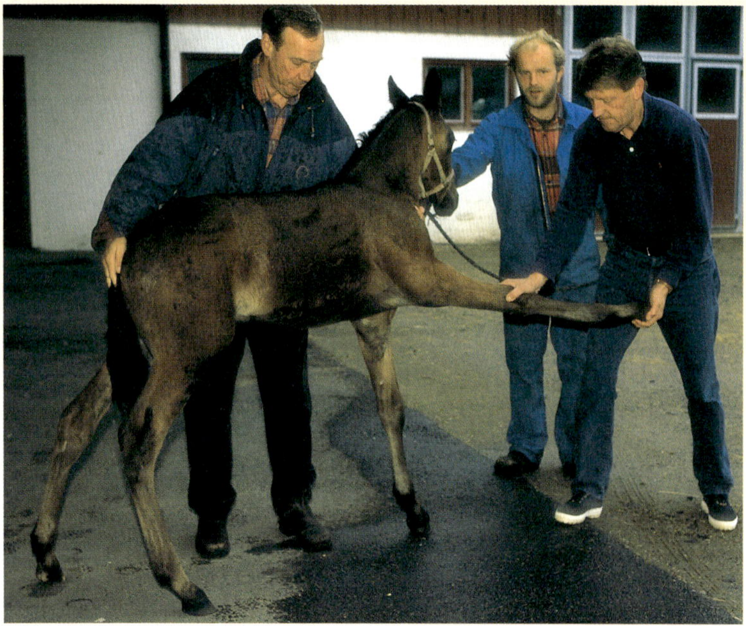

Stelzfuß: Regelmäßiges Dehnen ist eine effektive Methode, um die Sehne zu verlängern. Wenn das Fohlen zusätzlich auf einem harten Boden im Schritt geht, wird oft der gewünschte Effekt erzielt.

Geschwollene Fesseln. Etwa ab dem vierten Monat (etwas früher bei Fohlen mit abweichender Beinstellung) kann das Fohlen einen kräftigen Wachstumsschub haben. Die Folgen sind steifer Gang, Schwellungen an den Fesselgelenken und Müdigkeit. Diese Symptome eines kräftigen Wachsens müssen nicht vom Tierarzt behandelt werden. Es genügt, dem Fohlen ausreichend Möglichkeit zum Ruhen und freien Zugang zu Mineralstoffen zu geben. Ist der Sommer regnerisch, sollten die Stute und das Fohlen eine Zeit lang nachts in den Stall genommen werden, damit das Fohlen trocken liegt und wirklich die Ruhe bekommt, die es braucht.

Während das Jungpferd heranwächst, treten immer wieder kräftige Wachstumsschübe auf. Bis zum Alter von dreieinhalb bis vier Jahren – ab da heißt es, ist das Skelett ausgewachsen – vollzieht sich eine ständige Erneuerung und Umlagerung des Knochengewebes. Das ist besonders in den ersten Jahren auffällig, auch wenn es das ganze Leben lang anhält. Der Wachstumsprozess spielt sich in bestimmten Wachstumszonen (Epihysenfugen) ab, die in den Enden der Röhrenknochen liegen und für das Längenwachstum verantwortlich sind. Röhrenknochen finden sich in den Extremitäten, Beispiele sind das Fesselbein, das Schienbein sowie der Oberarm. Das Wachstum vollzieht sich mit Hilfe von Knorpeln in den Wachstumszonen. Wenn der Röhrenknochen ausgewachsen ist, verknöchert die Knorpelmasse und man sagt dann, dass sich die »Epiphysenfugen« geschlossen haben. Das geschieht bei den einzelnen Knochen zu verschiedenen Zeitpunkten. Die frühesten sind das Kronbein und das Fesselbein. Ihr Wachstum ist abgeschlossen, wenn das Fohlen sechs bis neun Monate alt ist. Dagegen hört das Wachstum des Oberarms erst auf, wenn das Pferd zwischen zweieinhalb und drei Jahren alt ist.

Individuelle Varianten können auch vorkommen. Achten Sie darauf, wann diese Wachstumsperioden stattfinden, damit das Pferd in dieser Zeit so viel Ruhe wie möglich bekommt. Das gilt ebenso für größere Pferde.

Geschwollene Fesseln – hier eine deutliche Schwellung an den Fesselgelenken – sind ein Zeichen dafür, dass sich das Fohlen in einer kräftigen Wachstumsperiode befindet.

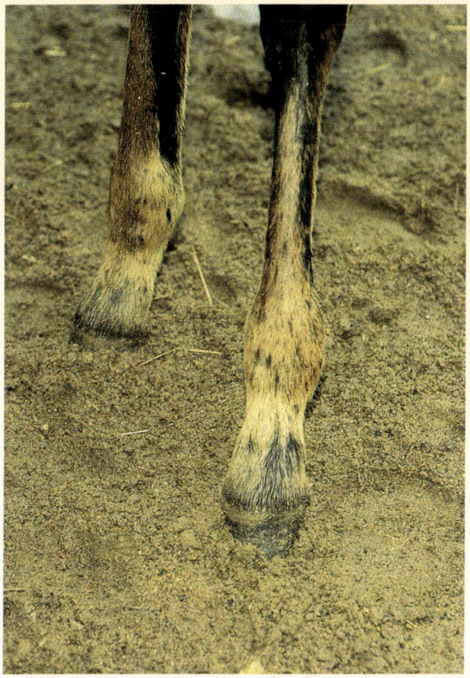

X- und O-Beine sind Beispiele dafür, dass das Skelett in den Wachstumszonen nicht symmetrisch wächst. Diese Stellungsanomalien müssen frühzeitig korrigiert werden, noch bevor sich die Wachstumszonen schließen. Beispielsweise sollten Anomalien im Karpal- und Sprunggelenk korrigiert werden, noch ehe das Fohlen zehn Wochen alt ist.

Je nach Stärke der Asymmetrie erfolgt die Behandlung in Form von Raspeln, eines orthopädischen Beschlages, einer Operation oder einer Stützschiene. Die Schiene hat den Vorteil, dass das Fohlen damit auf die Weide gehen und sich normal bewegen kann.

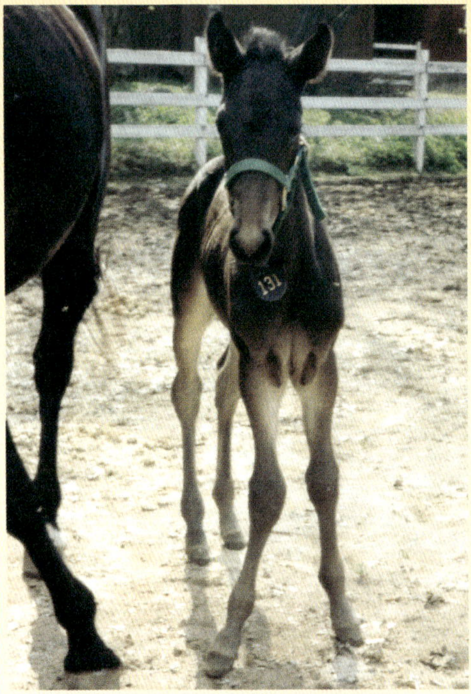

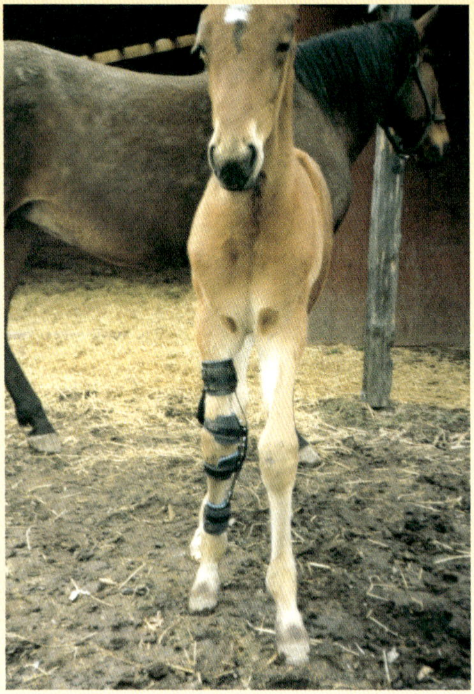

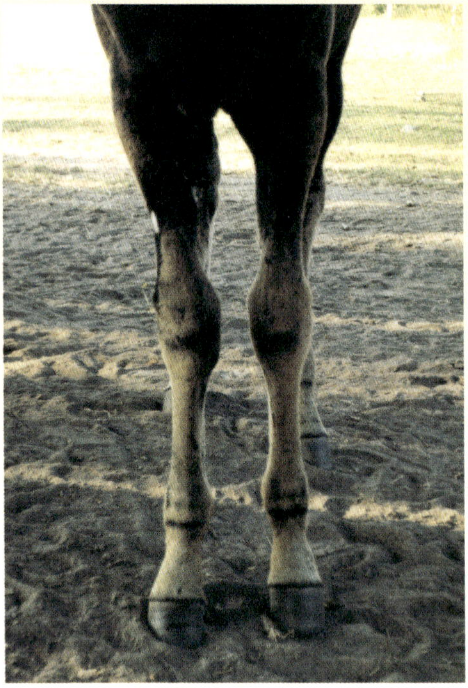

Oben links: Fohlen mit starken X-Beinen.

Oben rechts: Die Schiene stützt das Bein, damit es gerade wächst.

Unten links: Fohlen nach abgeschlossener Behandlung.

Fohlen müssen mit anderen Fohlen spielen und herumtoben.

Weidegang

Stute und Fohlen sollten miteinander einen langen, schönen Sommer auf der Weide verleben, am besten in Gemeinschaft mit anderen Stuten und deren Sprösslingen. Es ist ein wichtiger Punkt in der Entwicklung des Fohlens, mit anderen zu spielen und seine Kräfte messen zu können. Außerdem geht es darum, den Körper zu kräftigen und den Umgang mit anderen Pferden zu pflegen. In der Herde lernen die Fohlen und Jungpferde ihr Verhalten, indem sie andere Pferde beobachten und die Zurechtweisungen, die sie von ihnen erhalten, registrieren. Fohlen, die ohne diese Erfahrungen aufwachsen, bekommen später große Probleme, wenn sie beispielsweise nicht gelernt haben, einer Gefahr aus dem Weg zu gehen. Sie reagieren sogar mit Aggressivität, wenn sie wiederholt getreten werden und nicht verstehen warum. Pferde kommunizieren in hohem Maße über Körpersprache und pflegen erst zu warnen, dann zu drohen und schließlich die Drohung in die Tat umzusetzen. Die Fohlen lernen im Spiel diese Signale zu verstehen und ihre Grenzen kennen.

Stuten erziehen ihre Fohlen manchmal auf ziemlich unsanfte Art. Dabei erfolgt die Maßnahme schnell und unmittelbar, aber dann ist alles wieder in Ordnung. In der Pferdewelt wird nichts nachgetragen!

Mehrere Stuten auf die Weide lassen

Wenn mehrere Stuten mit ihren Fohlen zusammen weiden sollen, werden sie am besten gemeinsam auf die Weide gebracht. Führen Sie die Tiere ein Stück weit hinein und lassen Sie dann alle gleichzeitig frei. Es sieht dramatisch aus, wenn die Stuten drohend mit der Hinterhand aufeinander zugehen, nach hinten ausschlagen und wiehern. Normalerweise ist aber schon nach wenigen Minuten diese »Begrüßungszeremonie« beendet und die Rangordnung festgelegt.

Wenn Sie nur eine Stute besitzen, ist jedes andere Pferd eine gute Gesellschaft und ein Spielkamerad für das Fohlen. Vorsicht bei Wallachen, manche decken die Stute und können damit Infektionen verursachen.
Die Weide sollte groß und trocken sein und genügend Futter bieten. Ist das Areal zu klein, entsteht leicht Streit. Auf einer trockenen Weide können sich die Fohlen so oft sie wollen zum Schlafen niederlegen, ihr Tag besteht aus saugen, spielen und schlafen. In Sommern mit langen Regenperioden sollten die Stuten und Fohlen besser in der Nacht im Stall sein, damit das Fohlen auch wirklich die Ruhe bekommt, die es für sein Wachstum benötigt.
Der Weidegang ist sehr wichtig, da alle säugenden Stuten einen erhöhten Nahrungsbedarf haben.

Tierärztlicher Rat

Parasitenbekämpfung. Planen Sie den Weidegang so, dass die Fohlen und Jungpferde auf eine möglichst parasitenfreie Weide kommen. Das ist durch einen Wechsel verschiedener Tierarten auf der Weide oder Weidegang nach der Heuernte zu erreichen. Eine Weide, auf der die Pferde im Jahr zuvor gegrast haben, ist mit großer Wahrscheinlichkeit erst ab Mitte Juli frei von Larven, die überwintert haben.
Zudem muss mit Präparaten, die im Handel angeboten werden, entwurmt werden. Bestimmte Parasiten wie der Spulwurm, *Parascaris equorum*, und der Zwergfadenwurm, *Strongyloides westeri*, treten nur bei Jungpferden auf. Es ist wichtig, Wurmmittel anzuwenden, die auch wirken. Im übrigen sind es vor allem die kleinen und großen Blutwürmer, *Cyathostominae* bzw. *Strongylus vulgaris*, die Sie bekämpfen müssen.
Entwurmt man die Stute am gleichen Tag, an dem sie gefohlt hat, wird das Fohlen nicht mit dem Zwergfadenwurm infiziert und man kann mit der ersten Entwurmung warten, bis das Fohlen etwa sechs Wochen alt ist. Danach halten Sie die zeitlichen Abstände ein, die bei jedem Wurmmittel vorgeschrieben sind und entwurmen während der Weidesaison im Abstand von vier bis acht Wochen, je nachdem welches Präparat angewendet wird. Die letzte Entwurmung vor der Rückkehr in den Stall sollte mit einem Präparat vorgenommen werden, das die Larven der Dasseln, *Gastrophilus spp*, bekämpft.
Damit die Parasiten nicht resistent gegen die Wurmmittel werden, sollten Sie das Präparat jedes zweite Jahr wechseln.
Es ist wichtig, Jungpferde möglichst frei von Parasiten zu halten, da sie große Schäden anrichten, wenn es zu viele werden. Parasiten führen unter anderem zu Verstopfungen im Darm (verursachen Koliken) und zu Blutmangel. Ferner beeinflussen sie die Blutzirkulation und behindern das Wachstum.
Zeichen eines Parasitenbefalls sind unter anderem ein trockener, hartnäckiger Husten, Durchfall (außer dem, der in Zusammenhang mit der Fohlenrosse auftritt), struppiges und glanzloses Fell sowie geschwollene Glieder.

Lungenentzündung. Im Alter von zwei bis drei Monaten ist das Fohlen stärker der Gefahr einer Infektion ausgesetzt, da der Antikörperschutz in der Stutenmilch abnimmt. Es kann zu einer ernsthaften Erkrankung wie Lungenentzündung kommen, die von der Bakterie *Rhodococcus equi* verursacht wird. Symptome dafür sind, dass das Fohlen schlapp wirkt, weniger säuft – am harten, straffen Euter zu merken – und Nasenausfluss sowie etwas Fieber bekommt. Wenn das Fohlen rechtzeitig von einem Tierarzt behandelt wird, hat es große Chancen wieder ganz gesund zu werden.

Nicht übereilt in die Klinik fahren

Besteht die Befürchtung, dass das Fohlen erkrankt ist, sollte sofort der Tierarzt verständigt werden. Am besten ist es, guten Kontakt zu einem erfahrenen Fachtierarzt zu halten, der den Tierbestand kennt. So kann er eher Ratschläge über die Behandlung und vorbeugende Maßnahmen erteilen.
Vermeiden Sie es, mit dem Fohlen in die Tierklinik zu fahren, wenn es nicht unbedingt nötig ist. Zum einen wird die Stute einem gewissen Stress ausgesetzt, wenn sie aus dem gewohnten Milieu herausgerissen wird und das Fohlen in einer fremden Umgebung schützen muss, zum anderen besteht ein großes Ansteckungsrisiko für das Fohlen. Es wird ohne Antikörper geboren und nimmt diese an seinem ersten Lebenstag über die Kolostralmilch auf. Es dauert jedoch einige Zeit, bis dieses System ganz funktioniert. Wenn das Fohlen aus seiner natürlichen Umgebung gerissen wird, bevor die Abwehrkräfte des Körpers vollständig aufgebaut sind, steigt das Risiko einer Infektion erheblich.
Ein erfahrener Gestüts-Tierarzt kann etliche Krankheiten im heimischen Stall behandeln. Es gibt praktische Schnelltests, mit denen der Arzt erkennt, wie gut der Antikörperstatus des Fohlens ist.
Ein krankes und schwaches Fohlen braucht für einige Zeit intensive Pflege und die erfordert viele Stunden Arbeit am Tag. Aber unter der Leitung eines erfahrenen Tierarztes kann für Vieles zu Hause Abhilfe geschaffen werden.

Rufen Sie den Tierarzt an, wenn das Fohlen schlecht frisst und säuft, schlaff wirkt und Fieber hat!

Kraftfutter

In der ersten Zeit stellt die Stutenmilch den Hauptteil der Nahrung des Fohlens dar. Danach beginnt es von selbst Gras sowie das Kraftfutter und Heu der Stute zu probieren. Die Mutterstute produziert jeden Tag Milch, die etwa 3 Prozent ihres Körpergewichts entspricht, kleinwüchsige Rassen sogar noch etwas mehr. Stuten brauchen deshalb sehr viel Nahrung, genauer gesagt, doppelt so viel wie ein normales, erwachsenes Pferd. Der Nahrungsbedarf der Stute ist während der ersten drei Monate des Fohlens am größten, weil es in diesem Zeitraum sein Geburtsgewicht verdreifacht. In dieser Zeit frisst eine Warmblutstute rund 70 Kilogramm Gras pro Tag.
Achten Sie im dritten Monat des Saugfohlens darauf, dass ausreichend Grünfutter vorhanden ist. Nun benötigt das Fohlen vielleicht Kraftfutter. Dabei muss es freien Zugang zu Kraftfutter und Mineralstoffen haben, jedoch nur das Fohlen.
Das können Sie auf verschiedene Weise regeln. Meist wird ein Teil der Weide mit einem Zaun abgesperrt, der die Stuten abhält, aber so hoch ist, dass die Fohlen unten durch gehen können und an die Krippe kommen.
Im Allgemeinen fällt allen Fohlen die Entwöhnung bei einer zusätzlichen Kraftfuttergabe leichter. Besonders wichtig ist sie jedoch für Fohlen von älteren Stuten, die nicht mehr so viel Milch produzieren.
Ponyfohlen sollten kein Kraftfutter bekommen, außer vielleicht bei der Aufzucht von Reitponys mit viel Vollbluteinschlag.
Hat man nur ein Fohlen, nimmt man es ein paar Mal in der Woche in den Stall und bietet dort Kraftfutter an. Dabei sollte es am besten angebunden werden.

Verladen üben

Wenn Sie die Stute und das Fohlen auf einer Ausstellung oder Fohlenmusterung vorführen wollen, muss vorher mit dem Fohlen das Verladen in den Transporter geübt werden. Dieses Training lohnt sich auch, wenn das Fohlen nicht transportiert werden muss. Alles, was man ihm im ersten Sommer beibringt, geht viel leichter, als wenn man wartet, bis es älter ist.
Am einfachsten ist es, das Fohlen vor der Stute einzuladen. Das geschieht, indem man es mehr oder minder hineinhebt, mit der einen Hand am Führstrick und dem anderen Arm um die Hinterhand gelegt.

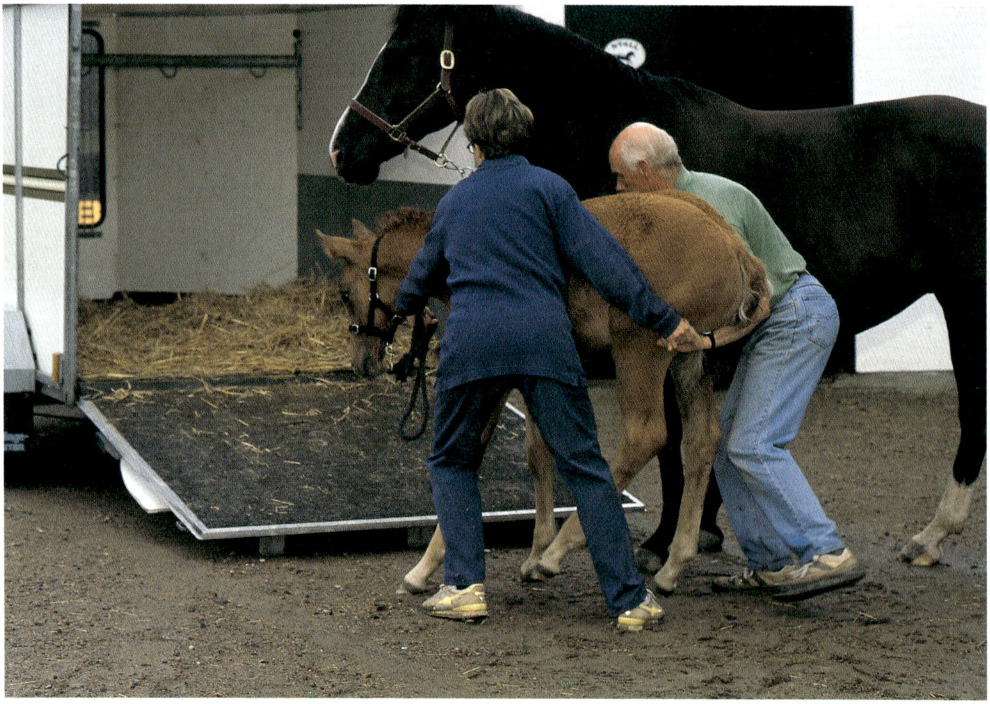

Ein Fohlen zum ersten Mal in einen Transporter zu bringen, dauert eine Weile. Heben Sie zuerst das Fohlen etwas hoch: Das geschieht mit leichter Führung des Führstricks. Legen Sie dabei einen Arm rund um die Hinterhand.

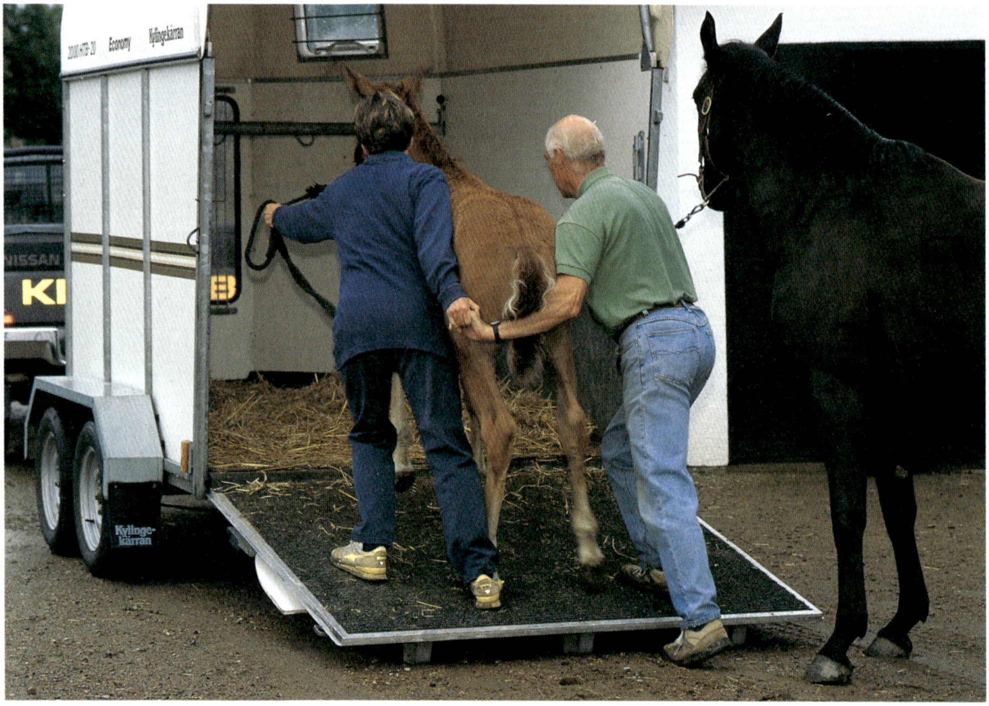

Die Stute wird gleich hinter ihrem Fohlen geführt. Man sollte die Stute nicht zuerst einladen, sonst bewegt sie sich unruhig im Transporter hin und her und das Schaukeln erschreckt das Kleine.

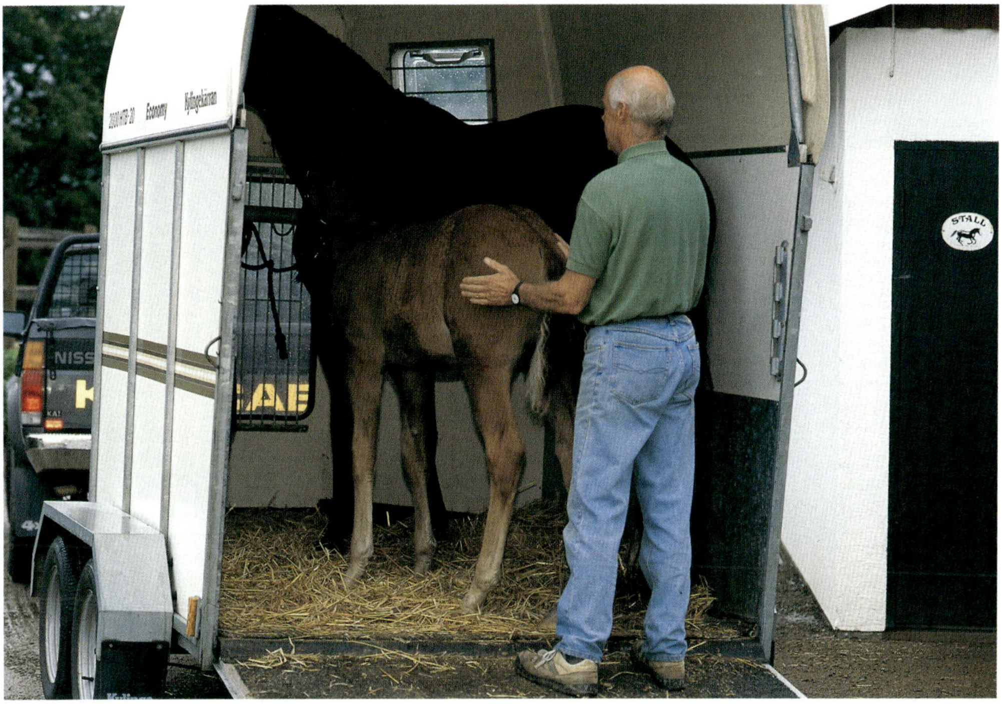

Beide stehen im Transporter. Streicheln Sie das Fohlen und loben Sie es.

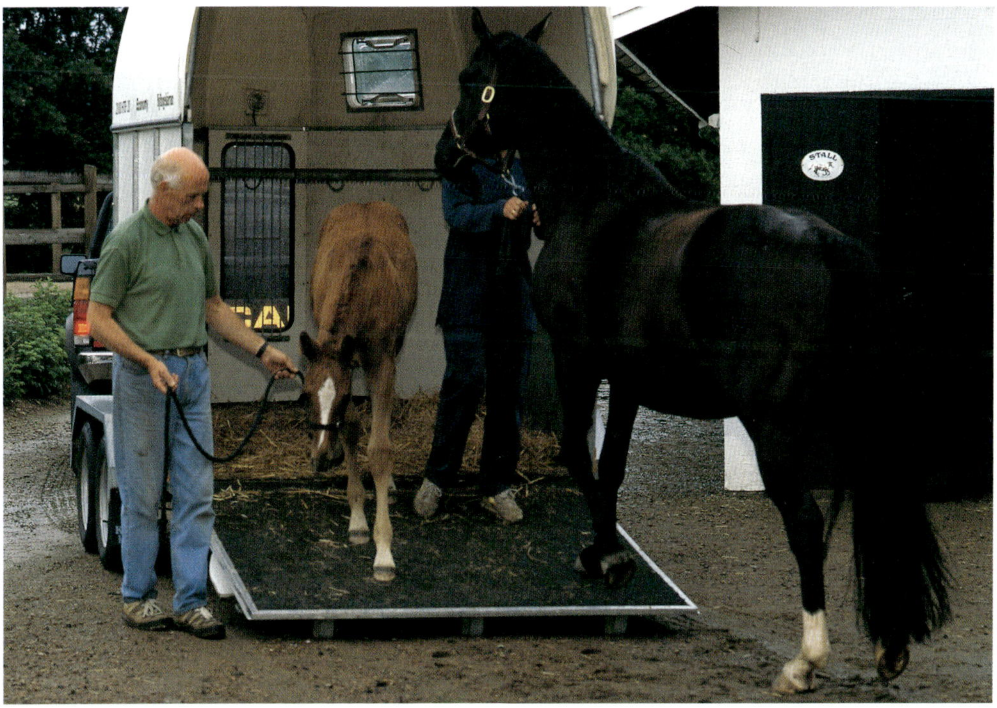

Führen Sie die Stute und das Fohlen wieder ganz ruhig hinaus.

Die Fohlenschau ist das erste große Ereignis im Leben eines Fohlens.

Die Stute wird gleichzeitig oder unmittelbar danach hineingeführt. Die Zwischenwand sollten Sie an die Seite stellen oder ganz entfernen, damit genügend Platz im Transporter ist. Das Fohlen darf während der Fahrt nicht angebunden werden. Die Laderampe muss hoch geklappt sein. Wenn man sich viel Zeit dafür nimmt und das Verladen in Ruhe übt, gewinnt das Fohlen bald Vertrauen und geht beim nächsten Mal problemlos in den Transporter.

Üben für die Vorstellung

Vor einer Fohlenschau sollten Sie das Vorstellen an der Hand mit dem Fohlen üben, ebenso das Führen im Schritt und Trab auf einer geraden Linie. Dabei sollte die Stute vor oder neben dem Fohlen gehen. Loben Sie das Fohlen zum Schluss, wenn es die Übung richtig ausgeführt hat.
Übertreiben Sie das Training nicht. Das Fohlen soll seine Anlagen präsentieren und kann in diesem zarten Alter noch kein fertiges Pferd sein.
An der Hand vorgestellte Fohlen werden bei der Schau in der Regel in der Reithalle beurteilt und müssen sich dort zusätzlich frei im Trab und Galopp präsentieren.

Identitätskontrolle, Registrierung usw.

Das Fohlen muss sich einer Identitätskontrolle unterziehen und beim entsprechenden Zuchtverband registriert werden. Das geschieht auf verschiedene Weise und hängt ganz von der Rasse ab. Bei bestimmten Rassen wird beispielsweise die Beurteilung, Registrierung und Impfung in einem vorgenommen.
Über den regionalen Pferdezuchtverband erfahren Sie, wer für die Registrierung innerhalb der verschiedenen Zuchtverbände zuständig ist und wie das in der Praxis abläuft (siehe dazu Anhang Seite 140).

Absatzfohlen

Das Fohlen läuft in der Regel sechs bis sieben Monate bei der Mutter mit. Dann ist die Muttermilch nahezu versiegt. Wenn die Stute wieder trächtig ist, vertreibt sie das Fohlen, ansonsten kann es noch einige Monate bei ihr bleiben. Es ist jedoch sehr wichtig, das Fohlen rechtzeitig von der Mutter zu entwöhnen und die beiden nicht ein bis zwei Jahre zusammen zu lassen, wie das manchmal der Fall ist. Sonst kann es passieren, dass das »Fohlen« später ein ziemlich eigensinniges und unselbstständiges Individuum wird.

Das Absetzen erfolgt am schmerzlosesten, wenn die Stute und das Fohlen einige Wochen vor dem endgültigen Absetzen nachts getrennt werden und tagsüber zusammen sind. Stute und Fohlen können in der Nacht Box an Box stehen und durch Schnuppern Kontakt miteinander halten. Wer zwei Absatzfohlen gleichzeitig besitzt, stellt sie am besten in die Mittelbox und je eine Stute rechts und links davon.

Auf großen Gestüten mit vielen Mutterstuten werden die Stuten und Fohlen direkt getrennt. Wenn der Verdauungsapparat des Fohlens bereits an feste Nahrung gewöhnt ist, verläuft die Entwöhnung körperlich gesehen problemlos. Dagegen wirken manche Fohlen einige Tage lang etwas apathisch und unpässlich. Man sollte sie in dieser Zeit genau beobachten und von allzu wilden Spielkameraden fernhalten.

Nach einer Trennung von drei bis vier Wochen können Stute und Fohlen wieder zusammen gelassen werden, ohne dass das Fohlen erneut zu säugen beginnt. Allerdings ist das jedoch die schlechtere Lösung. Versuchen Sie andere Gesellschaft für das Fohlen zu finden. Optimal ist es, das Fohlen mit Gleichaltrigen auf der Koppel frei herumlaufen zu lassen. Wenn sich diese Möglichkeit nicht bietet, sollte man überlegen, das Fohlen zur Aufzucht in eine Jungpferdeherde zu geben.

Tierärztlicher Rat

Die Impfung gegen Pferdeinfluenza und Tetanus sollte rechtzeitig vor dem Absetzen erfolgen, damit das nicht ein zusätzlicher Stressfaktor zu einem heiklen Zeitpunkt im Leben des Fohlens wird. Wenn die Stute geimpft ist, reicht es aus, die Grundimmunisierung des Fohlens im Alter von sechs Monaten vorzunehmen, ansonsten im vierten Monat.

Die Grundimmunisierung gegen Pferdeinfluenza umfasst drei Impfungen:

1. im Alter von vier bis sechs Monaten
2. 30 bis 60 Tage später
3. sechs Monate später

Danach wird das Pferd bis zu seinem fünften Lebensjahr jedes halbe Jahr einmal geimpft. Anschließend reicht einmal pro Jahr, wenn das Pferd in einer Herde geimpfter Pferde lebt. Besser ist aber eine zweimalige Impfung pro Jahr.

Die Grundimmunisierung gegen Tetanus erfolgt:

1. im Alter von vier bis sechs Monaten
2. 30 bis 45 Tage später
3. sechs bis zwölf Monate später

Danach jedes dritte Jahr. Im Zusammenhang mit Verletzungen wird das Pferd ebenfalls geimpft.

Lassen Sie sich von Ihrem Tierarzt über die neusten und wirksamsten Impfstoffe beraten.

Beginnt man bereits im Fohlenalter mit den Impfungen, werden Schäden vermieden, die bei erwachsenen Pferden im Zusammenhang mit verspäteten Impfungen auftreten können. Es besteht auch ein geringeres Risiko, dass das Fohlen negativ auf die Impfung reagiert. Fohlen besitzen oft einen einwandfreien Immunschutz und bilden leicht Antikörper.

Heutzutage ist der Schutz gegen Pferdeinfluenza besonders wichtig, da wir die Pferde oft transportieren und mit den Fohlen an verschiedenen Aktivitäten teilnehmen.

Eine Impfungen gegen Botulismus kann im Alter von sieben bis zehn Tagen vorgenommen werden. Botulismus ist eine Krankheit, die sehr dramatisch und meist tödlich verläuft. Die Übertragung des Botulinustoxins erfolgt durch Fressen von Silage, in der sich ein totes Tier oder Teile davon befinden. Das kann eine Maus sein, die bei der Heuwerbung mit unter das Messer gekommen ist, oder ein toter Vogel. Da dieses Futter den Pferden gut schmeckt und immer üblicher wird, ist es angebracht, Jungpferde mit diesem Impfschutz zu versehen.

Vom Fohlen zum Jungpferd

»Es erfordert viel Zeit, ein Pferd auf das Einreiten vorzubereiten. Es muss langfristig aufgebaut werden, damit genügend Elastizität in den Bändern und Muskeln vorhanden ist. Die Arbeit nimmt viele Monate in Anspruch und kann nicht einfach so begonnen werden, wenn das Pferd drei Jahre alt ist.«

HANS BARKEVALL
Vorsitzender der schwedischen Kommission für Hengstleistungsprüfungen

Stallhaltungen

Gruppen-Auslaufhaltung

Gruppen-Auslaufhaltung/Offenstallhaltung
Sie ist ideal für Fohlen, die bis zu eineinhalb Jahre alt sind, vorausgesetzt sie wird professionell durchgeführt.
Offenstallhaltung bedeutet nicht, dass sich die Pferde bei Wind und Wetter selbst überlassen sind, sondern dabei ist ein gewisser Einsatz an Arbeit erforderlich. So ein Stall kann verschieden aussehen, je nach den praktischen Erfordernissen und der Anzahl der Pferde.
Er sollte auch nicht zu weit vom Hof entfernt sein. In der Regel besteht er aus einem geräumigen, geschützten Liegeplatz (am besten 13 m^2 pro Pferd oder mehr), an den sich eine große Koppel anschließt.
Die Futtertröge für das Kraftfutter sollten in so großen Abständen aufgestellt sein, dass die Pferde sich nicht in die Quere kommen. Außerdem sollten sie mit einer Anbindevorrichtung versehen sein. Die Einrichtung kann durch Heuraufen für den freien Zugang zu Heu oder Heusilage, Salzlecksteine sowie frostsichere Selbsttränken oder Wasserbottiche ergänzt werden.

Hier einige Ratschläge von einem Fachmann für Offenställe:
- Sorgen Sie für eine Schleuse zwischen Koppel und Liegeplatz, damit kein Zug entsteht!
- Umkleiden Sie alle scharfen Kanten mit kräftigem Gummi von Autoreifen!
- Streuen Sie ausreichend Stroh ein, damit die Pferde bequem liegen können! Jungpferde haben einen großen Bedarf an Ruhe!
- Die Türen zum Offenstall sollten groß und breit sein!
- Die Erde der Koppel sollte locker und durchlässig und nicht allzu ausgetreten sein. Hügeliges Gelände ist ideal.

Welche Rassen eignen sich zur Offenstallhaltung?
Sind Vollblüter nicht zu empfindlich dafür? Können sich die Pferde nicht erkälten und werden sie nicht vernachlässigt? Das sind die häufigsten Fragen. Antwort: Jungpferde aller Rassen eignen

Eine gut funktionierende Gruppen-Auslaufhaltung fördert die Entwicklung des Fohlens nach dem Absetzen bis zum Alter von einem Jahr. Die Gruppe sollte nicht zu groß sein und aus ebenbürtigen Fohlen bestehen.

Das Fohlen wird zweimal am Tag angebunden, wenn es seine individuell abgestimmte Kraftfuttergabe erhält.

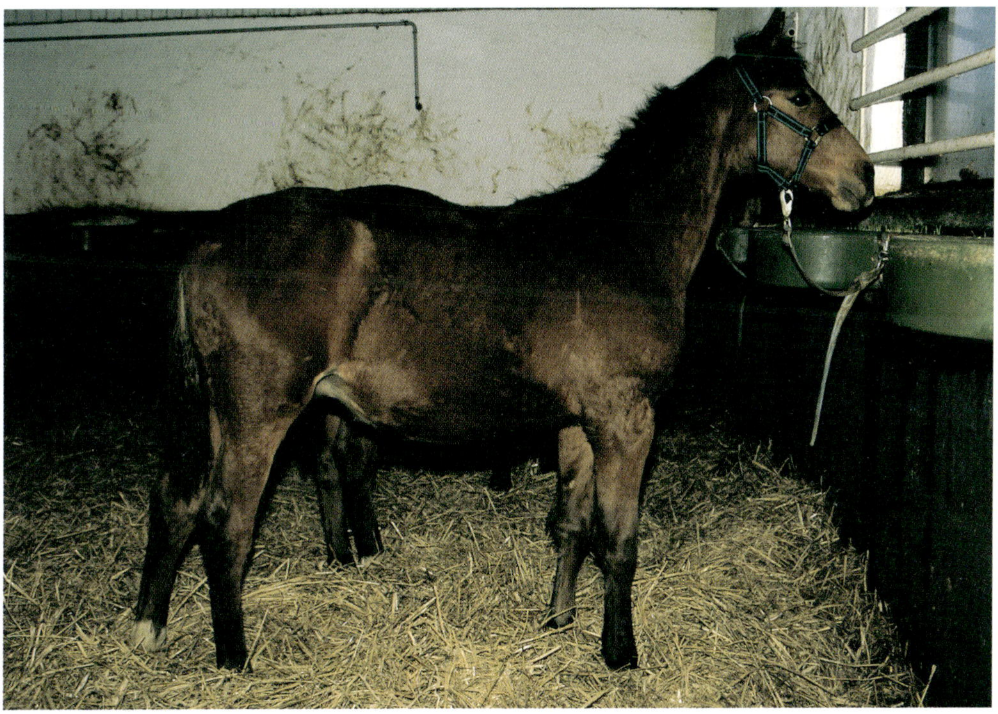

sich für Offenställe, vorausgesetzt diese sind gut gebaut und richtig ausgestattet. Entscheidend ist die Zusammensetzung der Pferdegruppe, der Zugang zum Futter und die Größe des Stalls. Er muss geräumig und zugfrei sein. Ein Pferd, das sich im Freien aufhält, kann man mit einem Haus vergleichen, das erwärmt werden soll: Je mehr Brennstoff ihm zugeführt wird, desto wärmer wird es – der Brennstoff ist in diesem Fall das Futter.

Bei schlechtem Wetter ist der freie Zugang zu Raufutter besonders wichtig, damit die Pferde so viel davon fressen können, wie sie brauchen. In diesem Fall können sich auch edle Vollblüter problemlos draußen aufhalten.

Zusammensetzung der Gruppe

Ob Sie nun selbst einen Offenstall einrichten und fremde Pferde aufnehmen oder Ihr eigenes Fohlen weggeben, bei der Zusammensetzung der Gruppe müssen bestimmte Gesichtspunkte beachtet werden. Die Gruppe sollte nie mehr als 15 Pferde umfassen. Außerdem sollten sie sich nicht zu stark voneinander unterscheiden und die gleichen Voraussetzungen mitbringen. Ein spät entwickeltes, etwas ängstliches Pferd passt einfach nicht zu frühreifen, ungebändigten Individuen. Wie heißt das Sprichwort so schön: Gleich und Gleich gesellt sich gern.

Stuten- und Hengstfohlen sollten nicht vermischt werden.

Alle Fohlen werden gleichzeitig in den Offenstall geschickt, damit keine neuen als Nachzügler dazukommen. In einer Pferdeherde herrscht eine strikt hierarchische Ordnung. Die Rangordnung wird bereits in den ersten Tagen festgelegt. Sperren Sie die Fohlen nach ihrer Ankunft zwei bis drei Tage gemeinsam in einem geräumigen Paddock mit überdachtem Liegeplatz ein, damit sie sich kennen lernen. Darauf folgen einige Tage, an denen sie nachts drinnen und tagsüber draußen sind. Dann dürfen sie sich nach Belieben bewegen.

Regelmäßigkeit

Wenn das Fohlen zweimal am Tag angebunden wird und eine individuell abgestimmte Menge Kraftfutter erhält, gewöhnt es sich schnell an regelmäßige Abläufe. Zu dieser Routine gehören auch Putzen, Hufe geben lassen und die Kontrolle, ob kleinere oder größere Verletzungen vorhanden sind.

Unmittelbar an die Liegehalle schließt sich eine gepflegte Koppel an.

Ein Jährling beim Waldspaziergang. Das ist für die körperliche Entwicklung und als Gehorsamkeitstraining für Jungpferde ideal, die keinen Auslauf haben.

Wenn ein fremdes Pferd erkrankt, wird es in den heimischen Stall zurückgebracht. Das Einrichten einer Krankenbox neben dem Offenstall funktioniert nur selten, weil das kranke Pferd in Hörweite zu den anderen Tieren steht und unruhig wird. In der Regel wird ein Pferd, das bereits einen bestimmten Platz in der Gruppe hatte, später wieder problemlos integriert.

Eine große Koppel lädt die Pferde zu Aktivitäten ein, sie spielen gern miteinander und tollen herum. Stutenfohlen sind oft wesentlich ruhiger als Hengstfohlen und können unter Umständen mehrmals im Monat ein Training gut gebrauchen (siehe dazu auch »Pferde frei laufen lassen« auf Seite 35). Wenn die Fohlen nach dem Absetzen fünf bis sechs Monate im Offenstall leben, können sie sich auf natürliche Weise optimal entwickeln. Durch das mehrmalige Anbinden am Tag verliert man auch nicht den Kontakt zu ihnen.

Es ist bewiesen, dass Jungpferde, die so aufgewachsen sind, eine bessere Herztätigkeit und Muskelstruktur sowie einen stabileren Knochenbau besitzen als die Pferde, die nicht in diesem Maße bewegt wurden. Außerdem werden sie dadurch widerstandsfähig und bekommen ein gutes Immunsystem. In den großen Pferdezuchtnationen England und Irland ist es eine Selbstverständlichkeit, dass die Jungpferde praktisch draußen aufwachsen. Dagegen ziehen beispielsweise Deutschland und Holland mehr die Aufzucht im Stall vor.

Aufzucht im Stall

Wenn Sie keine Möglichkeit haben, Ihr Fohlen in einem Offenstall unterzubringen, müssen Sie das Beste aus der Situation machen. Versuchen Sie, dass wenigstens zwei gleichaltrige und ebenbürtige Jungpferde zusammen sind und sich so oft wie möglich im Freien bewegen können. Platziert man eine Heuraufe oder einen Ballen mit Heusilage in der hintersten Ecke der Weide, animiert man die Pferde, sich ein wenig zu bewegen, um an das Futter zu gelangen.

Über Cavaletti zu gehen trainiert das Koordinationsvermögen.

Spaziergang mit dem Jungpferd

Gehen Sie mit Ihrem Jungpferd einige Male in der Woche im Gelände spazieren! Die unterschiedliche Beschaffenheit des Bodens fördert die Entwicklung des Knochenbaus. Gleichzeitig gewöhnt sich das Jungpferd daran, durch eine unbekannte Umgebung geführt zu werden und vertrauensvoll dem Menschen zu folgen. Variieren Sie die Situationen und gehen Sie entweder allein mit dem Jungpferd, mit einem älteren Pferd oder führen Sie das Jungpferd beim Reiten als Handpferd mit.

Je mehr das Pferd an diese Ausflüge gewöhnt ist, desto unwegsameres Terrain können Sie aussuchen. Steigen Sie über Baumstämme und Gräben. Das verbessert die Beweglichkeit und das Koordinationsvermögen.

Führen Sie das Pferd manchmal von der linken Seite und manchmal von der rechten. So entwickelt sich die Muskulatur nicht einseitig.

Auf dem Weg von und zur Weide über Cavaletti zu gehen ist eine gute Übung, um Gehorsam zu trainieren.

Jungpferdeherden

Wenn der lokale Pferdezuchtverband ein spezielles Ausbildungsprogramm für Jungpferdegruppen anbietet, sollten Sie auf alle Fälle versuchen, Ihr Jungpferd daran teilnehmen zu lassen. Die Pferde lernen dort Sozialverhalten, indem sie in Gruppen und allein geführt werden. Sie trainieren zum Beispiel über Stangen zu gehen und vor allem sich an eine neue Umgebung zu gewöhnen.

Schon das Erlebnis des Verladens in den Transporter ist eine nützliche Erfahrung. Passiert das mehrmals im Monat, wird es schnell zu einer völlig undramatischen Angelegenheit.

Lassen Sie sich aber für das Verladen des Jungpferdes stets genügend Zeit und bleiben Sie dabei ganz ruhig. Manchmal ist auch die Gesellschaft eines älteren Pferdes oder Ponys eine große Hilfe.

Alles, woran das Jungpferd frühzeitig gewöhnt wird, muss es im Erwachsenenalter nicht mehr lernen.

Tierärztlicher Rat

Sie sollten nicht enttäuscht sein, wenn Ihr Jährling mit seinem hohen Rücken, niederen Widerrist und den lang aufgeschossenen Beinen etwas kantig wirkt. Die Pferde, die während des Wachstums unproportioniert aussehen, werden zum Schluss oft die schönsten. Dagegen tendieren viele zunächst gleichmäßig gewachsene Modellpferde später dazu, viel zu kurz und kompakt zu werden.

Nach fünf bis sechs Monaten Aufenthalt im Offenstall sehen auch bildhübsche Jährlinge wie langhaarige Zottelbären aus. Fällt jedoch der »Winterpelz«, kommt wieder ein attraktives Jungpferd zum Vorschein.

Hufpflege. Kontrollieren Sie regelmäßig den Zustand der Hufe und raspeln Sie sie falls nötig! Bei einem Pferd, das sich auf verschiedenen Böden bewegt und das eine einigermaßen korrekte Beinstellung besitzt, müssen die Hufe nur ab und zu ausgeschnitten werden.

Hufgeschwür. Harter Boden mit spitzen Steinen oder anderen Unebenheiten kann Druckstellen an der Sohle verursachen und manchmal zu Hufgeschwüren führen. Zu den Symptomen gehören Lahmheit, manchmal Anschwellung bis zu den Sehnenpartien hinauf, verstärktes Pulsieren der Mittelfußarterie und ein warmer Huf. Die Reifung des Geschwürs wird durch einen feuchtwarmen Umschlag, der um den Huf gelegt wird, beschleunigt. So ein Umschlag besteht aus Fettwatte und in Alsol-Spiritus getauchte Gazebinde.

Legen Sie einen Wickel aus Wolle oder Fleece darüber und zum Schluss eine ganz normale Binde. Ein feuchtwarmer Umschlag darf vom Pferd nie länger als zwölf Stunden getragen werden.

Das reife Geschwür wird aufgeschnitten, damit der Eiter abfließt. Vergessen Sie nicht die nötigen Vorsichtsmaßnahmen gegen Tetanus zu treffen.

Jährlinge sehen oft etwas kantig aus. Das ist typisch für dieses Alter!

Tierärztlicher Rat

Warzen, *Papillomatos*, bilden sich plötzlich in großer Anzahl rund um das Maul und die Augen. Das ist eine typische »Kinderkrankheit«, unter der vor allem Jungpferde leiden.
Die Ursache der Warzen ist ein an und für sich ungefährliches Virus, Sie können die Warzen selbst behandeln. Sie verschwinden nach zwei bis drei Monaten und dann ist das Pferd dagegen immun. Wenn das Tier sich so fest schabt, dass die Warzen aufgehen und bluten, müssen die Wunden gereinigt und sauber gehalten werden.

Warzen sind eine typische »Kinderkrankheit«, die Jungpferde bekommen.

Vergessen Sie nicht, bei den Jungpferden im Januar oder Februar eine Wurmkur gegen Spulwürmer durchzuführen!

Benehmen im Stall

Genau wie bei der Kindererziehung muss jungen Pferden von Anfang an gutes Benehmen beigebracht werden und außerdem müssen sie sich an alltägliche Routineabläufe gewöhnen.
Zu einer guten Erziehung gehört zum Beispiel, dass die Jungpferde lernen, sich ordentlich zu benehmen, wenn sie zur Weide oder zurück in den Stall geführt werden und nicht drängeln oder eine gewisse Distanz zum Menschen missachten.
Respekt verschafft man sich durch seine Körpersprache. Die Pferde können an unserer Körperhaltung erkennen, ob wir selbstbewusst oder ängstlich und unsicher sind.
Das Jungpferd muss auch auf Kommando wenden und anhalten können. Das lernt es am besten, wenn Sie es stets am Führstrick führen und konsequent die gleichen Kommandos geben. Das junge Pferd muss verstehen, dass der Mensch sein Führer und der Ranghöchste ist; lassen Sie es deshalb ab und zu bei einer Rüge ein paar Schritte zurückweichen.
Der Jährling muss sich auch daran gewöhnen, allein im Stall zu stehen, während die anderen Pferde draußen sind. Am Anfang lässt man ihn nicht ganz allein zurück, sondern mistet nebenbei aus oder verrichtet andere Stallarbeiten. Manche Pferde reagieren äußerst verstört, wenn sie allein im Stall bleiben müssen, andere hingegen nehmen das gelassen hin.

Pferde frei laufen lassen

Wenn Sie das Jungpferd einige Male im Monat frei laufen lassen, ist das eine sehr effektive Art es zu bewegen.
Das kann in einer Reithalle geschehen, entlang eines eingezäunten Galoppierweges oder in einem großen Auslauf. Wichtig ist, dass der Boden gut ist. Er sollte fest, aber nicht hart und nicht zu tief sein.
Lassen Sie das Pferd jedes Mal 3 bis 4 Minuten lang galoppieren. Ist der Boden sehr tief, sollte die Zeit verkürzt werden.
Jagen Sie das Pferd nicht in einem allzu schnellen Tempo voran, sondern lassen Sie es zügig galoppieren.

Wer wächst, braucht Nahrung

Im Zeitraum zwischen dem Absetzen und dem Alter von eineinhalb Jahren wächst das Jungpferd am stärksten. Bereits in diesem Alter hat ein Pferd in der Regel nahezu 90 Prozent seines späteren Stockmaßes und etwa 80 Prozent seines endgültigen Gewichts erreicht. Diese Entwicklung stellt große Anforderungen an einen richtig zusammengestellten Futterplan und eine Aufzuchtform, die gleichmäßige Wachstumsphasen gewährleistet. Sowohl plötzlicher Stillstand als auch zu schnelles, kräftiges Wachstum können verschiedene Störungen auslösen. Das Skelett entwickelt sich bei einem relativ langsamen Wachstum am besten.
Das heranwachsende Pferd sollte gut genährt, also weder zu mager noch zu fett sein. Deshalb müssen Sie bei den Futtergaben sehr sorgfältig vorgehen. Mit dem bloßen Auge ist lediglich zu sehen, ob die zugeführte Energie stimmt. Das lässt sich an der Bemuskelung erkennen. Wie das Skelett entwickelt ist, weiß man erst, wenn das Pferd regelmäßig trainiert wird. Natürlich ist es möglich, anhand von Blutproben die Menge des Enzymes ALP (Alkalisches Phosphat) festzustellen, aber solche Proben werden nicht regelmäßig vorgenommen und sie geben auch keine eindeutige Antwort.

Die Schäden durch mangelhafte Nahrung bei der Aufzucht sind irreparabel. Dieser Tatsache müssen sich alle, die für Jungpferde verantwortlich sind, voll und ganz bewusst sein.

Futter

Die wichtigsten Bausteine für eine normale Skelettbildung sind **Proteine, Kohlenhydrate, Mineralstoffe** und Vitamine.

Proteine bestehen aus etwa 20 bekannten Aminosäuren, die Hälfte davon sind essenziell. Zu den Aminosäuren gehören unter anderem Lysin, Methionin und Tryptophan. Proteine sind wichtig für den Skelettaufbau, die Muskulatur, das Blut, die Blutkörperchen und das sonstige Gewebe.

Kohlenhydrate umfassen Zucker, Stärke und Zellulose. Sie stellen die Hauptquelle für die Energieversorgung des Pferdes dar.

Mineralstoffe werden für den Stoffwechsel gebraucht und dienen als Baustoffe für den Körper. Die wichtigsten Mineralstoffe Calcium (Ca) und Phosphor (P) müssen täglich zugeführt werden. Bei einem schnellen Wachstum ist neben viel Calcium auch Magnesium (Mg) erforderlich, um eine ausreichende Muskelbildung zu gewährleisten. Natrium (Na) wird in Form von Salzlecksteinen angeboten. Sie sollten immer zugänglich sein. Zusammen mit Chlor (Cl) steuert Natrium die Säure-/Basenbalance im Blut.

Spurenelemente wie Zink, Mangan, Kupfer, Jod, Selen und andere wirken in sehr geringen Mengen und der Bedarf wird in der Regel mit einer ausgeglichenen Futtergabe sowie beim Grasen auf der Weide abgedeckt.

Vitamine teilt man in wasser- beziehungsweise fettlösliche ein. Die wasserlöslichen Vitamine werden nicht im Körper gelagert, sondern müssen täglich zugeführt werden. Das wichtigste von ihnen ist das Vitamin B.

Fettlösliche Vitamine können relativ lange Zeit im Körper lagern. Zu ihnen gehören die Vitamine A, D und E.

Ein Mangel an Vitamin A führt zu einem verringerten Knochenwuchs sowie zu einem fehlerhaften Wiederaufbau der Röhrenknochen.

Vitamin D ist erforderlich, um den Calciumspiegel des Blutes zu regulieren. Es hilft das Calcium zu binden und im Skelett abzulagern.

Vitamin E wird für den Stoffwechsel und die Muskelfunktionen benötigt.

Frisches Wasser ist eine Lebensnotwendigkeit. Das Wasser für Pferde sollte den gleichen Standard wie das Trinkwasser für Menschen besitzen. Schöpfen Sie das Wasser am besten mit Eimern aus einem großen Wasserbottich oder ähnlichem. Manche Pferde bekommen bei Selbsttränken nicht genügend Wasser.

Was brauchen Jungpferde?

Tagesbedarf im Alter von sieben bis 18 Monaten (für einen Warmblüter, der ausgewachsen 600 Kilogramm wiegt):

Protein: 600 Gramm

Energie: 86 Megajoule (Achtung! Der Energiebedarf wechselt je nach Wetter. Bei kaltem, rauem Wetter kann er sich um das Vier- bis Fünffache erhöhen.)

Calcium: 33–40 Gramm

Phosphor: 20–25 Gramm

Magnesium: 5 $^1/_2$ Gramm

Natrium und die übrigen Spurenelemente sind in einer normalen Futtergabe vorhanden. Unter Umständen muss Selen zugesetzt werden, entweder wird der Salzleckstein oder das Mineralstofffutter damit angereichert. Der Tagesbedarf beträgt 1 $^1/_2$ Milligramm.

Eine ausgewogene Futtergabe besitzt in der Regel eine ausreichende Menge an Vitaminen. Der Tagesbedarf an Vitamin A beträgt 5000 IE (Internationale Einheiten) pro 100 Kilogramm Körpergewicht, an Vitamin D 1600 IE und an Vitamin E 160 IE, während Vitamin B in einem Umfang von 5 bis 8 Milligramm pro 100 Kilogramm Körpergewicht benötigt wird.

Wichtig ist, dass eine Ausgewogenheit zwischen den verschiedenen Nährstoffen herrscht. Der Quotient Calcium/Phosphor muss zwischen 1,7 bis 3,0 gehalten werden, so dass das Futter stets mehr Kalk als Phosphor enthält. Bekommt das Pferd zu viel Phosphor, verringert sich die Calciumaufnahme aus dem Futter und damit sinkt der Calciumgehalt im Blut. Der Kalk wird dann vom Skelett abgezogen und somit das Tier geschwächt. Wenn die Zufuhr an Mineralstoffen nicht korrigiert wird, können schwerwiegende Veränderungen am Skelett die Folge sein.

Nährstoffquellen

Eine gute Silage enthält das meiste, was Jungpferde brauchen und deckt den Hauptteil des Futters ab.

Durch den freien Zugang zur Silage, das man zur Stabilisierung der Calcium- und Phosphorbalance mit Kraftfutter und Mineralstoffen ergänzt, sollte der Nahrungsbedarf gedeckt sein.

Ein Pferd mit Auslauf sollte täglich 1 Kilogramm Heu pro 100 Kilogramm Körpergewicht fressen.

Nährwertgehalt des Futters

Die Tabelle unten zeigt Mittelwerte. In der Praxis schwankt beispielsweise der Proteingehalt zwischen Werten von 112 Gramm pro Kilogramm Heu und nur 10 Gramm pro Kilogramm. Man weiß, dass Heu vom ersten Schnitt, der sehr spät erfolgt ist, einen dreimal niedrigeren Calciumgehalt besitzt als vor der Blüte geerntetes Heu. Deshalb ist es sehr wichtig, bei jeder Berechnung der Futtergaben von einer Analyse des eigenen Raufutters auszugehen.

Diese wird von verschiedenen Labors angefertigt. Eine Silage-Analyse für Jungpferde muss mindestens Protein-, Energie-, Calcium- und Phosphorwerte enthalten.

Der Vitamingehalt hängt vom Erntezeitpunkt und der Ernteart ab. In der Regel deckt früh geerntetes Heu den Vitaminbedarf. Dagegen besitzt in Plastik verpacktes Raufutter einen niedrigen Gehalt an Vitamin D, weil es nicht an der Sonne getrocknet wurde.

Wenn im Spätwinter der Vitamingehalt des Heus stark abfällt, kann es erforderlich werden, das Futter mit Vitamin A in Form von Möhren zu ergänzen.

Heu vom ersten Schnitt wird allgemein zum »Pferdeheu« gerechnet, aber es schadet auch Jungpferden nicht, wenn man ihm 10 bis 15 Prozent Klee beimischt oder das Heu mit einer kleinen Gabe Luzernenheu pro Tag ergänzt. Sowohl Klee als auch Luzerne sind reich an Proteinen und enthalten mehr Calcium als das normale Pferdeheu.

Wichtig ist auch, dass das Pferd ausreichend viele Ballaststoffe zu sich nimmt, damit der Verdauungsapparat funktioniert. Lassen Sie das Pferd auf Stroheinstreu stehen oder geben Sie ihm etwas Stroh für zwischendurch beziehungsweise für die Nacht.

Folgen einer unausgewogenen Ernährung

So wie ein Mangel an Futter zu einem unterentwickelten Pferd führt, sind zusätzliche Mineralstoffe und Vitamine, die für »alle Fälle« gegeben werden, völlig unnötig. Auch ein Übermaß führt zu krankhaften Veränderungen. Bei den Futtergaben muss Ausgewogenheit herrschen!

Achtung bei Mischfutter! Abgesehen davon, dass unnötig viele Vitamine den Organismus nur belasten, führt Vitamin D in zehnmal höherer Dosis als normal zu reinen Vergiftungserscheinungen. Ein Übermaß an Proteinen kann Schäden an den Extremitäten verursachen und beispielsweise zu

Futtersorte	Energie MJ/kg	Protein g/kg	Calcium (Ca) g	Phosphor (P) g
Heu 1. Schnitt früh geerntet	8,9	61	3,9	2,3
Kleeheu	8,7	94	5,9	2,4
Luzernenheu	6,5	103	12,0	2,0
Hafer	11,6	82	0,8	3,2
Gerste	12,0	90	0,4	3,2
Rüben	11,2	50	8,1	0,6
Sojamehl	12,9	381	2,8	6,3
Weizenkleie	9,6	108	1,5	10,6

Systematisches Freilaufen ist eine gute Möglichkeit, das »Kenia-Modell« bei Pferden anzuwenden.

Knochenknorpelablösung führen. Dabei sind zu viele Proteine aus Raufutter weit weniger schädlich als die aus einer Überdosierung von Kraftfutter.

Mit einem Zuviel an Energie wird ein Pferd schnell hochgezüchtet, aber das ist ein Wachstum ohne Substanz. So ein »Broiler-Jährling« sieht gut entwickelt aus, besitzt aber oft ein sprödes Skelett, das ein großes Verletzungsrisiko darstellt. Lassen Sie ein Jungpferd auf keinen Fall dick werden!

Eine ideale Ausgewogenheit zwischen Proteinen und Energie herrscht während dieser Periode bei 7 Gramm schmelzbarem Rohprotein pro Megajoule.

Achten Sie auch auf die Gesamtmenge an Selen! Dieses wird einer Vielzahl von Futtermitteln zugesetzt und kann zusammengenommen den Tagesbedarf von 1,5 Milligramm übersteigen. Bei festgestelltem Selenmangel können Sie eine gewisse Zeit lang bis zu 3 Milligramm pro Tag zuführen. Zu große Mengen haben jedoch ernsthafte Vergiftungen zur Folge.

Für den Züchter ist es eine ständige Gratwanderung, einerseits das Jungpferd mit Futter in der richtigen Qualität und Quantität zu versorgen, andererseits nicht über- oder unterzudosieren. Wichtig ist, nicht aufs Geratewohl zu füttern. Mit Hilfe von Futterratgebern oder Computer-Futterprogrammen können Sie auf der Analyse des eigenen Raufutters basierend geeignete Futtergaben zusammenstellen.

»Kenia-Modell«

Forscher im Bereich Trainingsphysiologie der Pferde haben auf bestimmte Erfahrungen in der Leichtathletik zurückgegriffen. Man fragte sich lange Zeit, warum Kenianer in so gut wie allen Laufdisziplinen den anderen Sportlern überlegen waren und fand heraus, dass sie meist seit ihrem sechsten Lebensjahr täglich laufen. Dadurch haben sich von Anfang an die Muskelfasern so entwickelt, dass die besten Voraussetzungen für eine weitere Verbesserung gegeben sind.

Das Gleiche gilt für das heranwachsende Pferd. Sehnen, Bänder, Muskeln und Knochengewebe passen ihre Stärke und Widerstandsfähigkeit den gestellten Anforderungen an.
Eine wiederholte Belastung setzt einen Umbau und eine Umstrukturierung in Gang und diese Anpassung muss stattfinden, so lange das Gewebe noch jung ist. Ein aufgeschlossener Züchter überträgt diese Erfahrungen auf die Pferde und gibt dem Jungpferd die Möglichkeit, sich nach Herzenslust auf hügeligem Gelände zu bewegen.

Achtung! Zu einer Pferdeaufzucht benötigt man ein großes Areal. Wenn Sie einem Pferd nur den Aufenthalt im Stall und gelegentlich etwas Auslauf bieten können, sollten Sie nicht an die Aufzucht von Leistungspferden denken.

Bekommen Sie einen Blick für das Pferd!

Es ist sehr wichtig, in einem Lernprozess das Heranwachsen des Pferdes mitzuverfolgen und darauf zu achten, wann es einen kräftigen Wachstumsschub hat. Dabei muss stets sorgsam zwischen ausreichender Bewegung und Überanstrengung abgewogen werden. Dieses Verhältnis kann nicht exakt mit einer Formel angegeben werden, sondern hier muss Ihr Gefühl entscheiden. Bekommen Sie einen Blick für Ihr Pferd!

Einige Faustregeln:
- Tasten Sie das junge Pferd regelmäßig ab. Die Rippen sollten zu spüren, aber nicht in Fett eingebettet sein.
- Beobachten Sie genau den Allgemeinzustand.
- Messen Sie das Pferd in gleichmäßigen Zeitabständen.
- Verstärkte Müdigkeit, geschwollene Fesseln, steife Bewegungen und Schwierigkeiten beim Aufstehen sind Zeichen eines kräftigen Wachstumsschubs.

Messen des Pferdes

Durch regelmäßiges Überprüfen des Stockmaßes, der Kruppenhöhe sowie des Röhrbeinumfangs kann die Wachstumsphase genau mitverfolgt werden.

Kontrollieren Sie das Fleisch des Pferdes. Dabei sollten Sie die Rippen mit der Hand spüren, ohne dass sie in Fett eingebettet sind.

Folgendes wird beim Pferd gemessen: Stockmaß, Kruppenhöhe sowie der Röhrbeinumfang unmittelbar unter dem Karpalgelenk.

Es ist auch sehr nützlich, das Gewicht des Pferdes zu kennen. Das erhalten Sie, wenn Sie das Pferd mit einem Viehmaßband (erhältlich im Landhandel) messen.
Ermitteln Sie den Umfang direkt hinter dem Widerrist. Auf der Rückseite des Maßbandes ist das Gewicht angegeben.
Bei kontinuierlicher Gewichtskontrolle können Sie genau und rechtzeitig feststellen, wann das Pferd in eine Wachstumsphase kommt und dann die Futtermenge entsprechend erhöhen. Sie erhalten damit eine gleichmäßigere Wachstumskurve und erhöhen die Futterration nicht erst, wenn Sie mit bloßem Auge sehen, dass das Pferd abgenommen hat. Dann ist es in der Regel schon zu spät, einen Schaden zu verhindern.

Die Größe des ausgewachsenen Pferdes

Mit einem »Hilfsmaß« können Sie errechnen, wie groß Ihr ausgewachsenes Pferd sein wird. Allerdings muss das Pferd mindestens ein Jahr alt sein. Messen Sie zuerst vom Ellenbogen bis zum unteren Fesselrand, dann vom Ellenbogen bis zum Boden. Addieren Sie die beiden Maße und schon haben Sie das zukünftige Stockmaß Ihres Pferdes.

Sommerweide

Im Frühjahr werden die Jährlinge entwurmt, geimpft und geputzt und dann auf die Sommerweide geschickt. Ganz besonders bei den Junghengsten ist das vor der Kastration von Vorteil, da es zu ihrer Weiterentwicklung beiträgt.
Pferde, die im Offenstall bereits eine Gruppe gebildet haben, bleiben in der Regel auch auf der Sommerweide zusammen. Ein Jährling, der allein aufgewachsen ist, kommt dagegen zu Gleichaltrigen auf die Weide. Wählen Sie ein großes Areal dafür aus, sehen Sie jeden Tag nach den Pferden und achten Sie darauf, dass der Zaun in Ordnung ist. Legen Sie den Pferden keine Halfter an.
Eine gute Weide deckt den Nahrungsbedarf eines Jungpferdes, besonders wenn sie aus verschiedenen Grassorten besteht. Wenn sie gut gepflegt wird und nicht zu viele Tiere darauf weiden, ist das Gras normalerweise sehr protein- und energiehaltig. Die Calcium- und Phosphorwerte hängen unter anderem von den Grassorten ab, die auf der Weide wachsen.
Sorgen Sie auch für Mineralstofffutter und Salzlecksteine. Ein Salzleckstein ist eine gute Methode, dem Pferd Salz anzubieten. Das Tier kann immer daran lecken, wenn es das Bedürfnis hat.
Wenn die Tiere auf der Weide sind, müssen keine zusätzlichen Vitamine zugeführt werden. Das Gras ist reich an Vitamin E sowie Karotin, das in Vitamin A umgewandelt wird. Vitamin D bildet sich im Körper durch die Einwirkung der Sonnenstrahlen.

Jährlingsschau

Eigentlich spricht nichts dafür, einen Jährling bei einer Schau zu zeigen, wenn er bereits als Fohlen bewertet wurde. Überlegen Sie sich gut, ob Sie ihn nicht lieber bei seinen gleichaltrigen Kameraden auf der Weide lassen anstatt ihn auf einer Schau zu präsentieren.

Eine Weide mit vielen verschiedenen Gewächsen ist ideal für ein heranwachsendes Pferd.

In bestimmten Fällen ist es jedoch notwendig, beispielsweise für einen Abstammungsnachweis. Dann muss der Jährling einige Wochen vor der Zuchtschau von der Weide genommen werden. Üben Sie mit ihm das Stillstehen bei der Prüfung, ebenso das Vorstellen an der Hand im Schritt und Trab auf einer geraden Linie. Vielleicht benötigen Sie etwas Unterstützung von einem Helfer mit einer Peitsche, der das Pferd von hinten aus dirigiert, damit es versteht, was von ihm verlangt wird.
Jährlinge werden mit Halfter und Führstrick vorgestellt.

Kontrolle auf der Weide. Während der Weidesaison sollten Sie die Pferde jeden Tag kontrollieren. Vor allem liegende Tiere müssen aufgetrieben werden, um zu prüfen, ob mit ihnen alles in Ordnung ist. Raspeln Sie splitterige Hufe und verabreichen Sie in den vorgeschriebenen Zeitabständen Wurmmittel.

Entfernen Sie alle sichtbaren Zecken, da sie Krankheiten wie *Ehrlichiose* und *Borreliose* übertragen. Wenn ein Pferd plötzlich hohes Fieber und geschwollene Beine bekommt und schlapp und apathisch wirkt, kann das von einer durch Zecken verursachten Infektion herrühren. Anhand von Blutproben lässt sich feststellen, um welche Krankheit es sich handelt und im Bedarfsfall kann sofort mit der Behandlung begonnen werden.

Zecken setzen sich überall dort fest, wo das Pferd dünne Haut besitzt wie beispielsweise in der Ellenbogenfalte, rund um das Maul, auf der Innenseite des Oberschenkels und an ähnlichen Stellen.

Verletzungen durch Bisse und Tritte. Wenn die Pferde miteinander herumtollen, kommt es manchmal zu Biss- und/oder Trittverletzungen. Sie sind in der Regel oberflächlich und ungefährlich, müssen aber ständig kontrolliert werden. Akute Muskelschwellungen werden mit Eisstücken gekühlt. Danach können sie mit Liniment bestrichen werden, um die Durchblutung in diesem Bereich zu fördern und die Heilung zu beschleunigen. Größere Wunden sollten Sie mit kaltem Wasser auswaschen und dann mit einer Kalkpaste bestreichen. Diese bildet eine schützende Schicht gegen Fliegen. Ein anderes Präparat, das sich hierfür eignet, ist eine Salbe namens »Brannovidon«, die in Apotheken erhältlich ist.

Offene Wunden in der Nähe von Gelenken und Sehnenscheiden sind gefährlich und müssen stets von einem Tierarzt untersucht werden. Das Gleiche gilt für Wunden, die Lahmheit und/oder Fieber verursachen.

Augenreizung. Eine unbedeutende Reizung des Auges kann sich zu einer Augenentzündung ausweiten und bei Nichtbehandlung zu einer Schädigung der Hornhaut führen. Eine Augenentzündung erkennen Sie daran, dass das Auge rot unterlaufen und sehr stark gereizt ist. Die Behandlung erfolgt mit Augenbädern oder gekochtem, abgekühltem Wasser, um alle Sekrete zu entfernen. Es empfiehlt sich, die Bäder vier- bis fünfmal am Tag zu wiederholen.

Bei einer Verletzung der Hornhaut zwinkert das Pferd unentwegt. Außerdem bildet sich ein grauer Schleier über dem Auge. Das Pferd muss dann mit entsprechenden Medikamenten behandelt werden.

Kränkliches Pferd. Wenn bei einem der Jungpferde alle Anzeichen darauf deuten, dass es ihm nicht gut geht, es mager über den Rippen ist, einen dicken, aufgedunsenen Bauch hat, ein struppiges Fell besitzt und es apathisch wirkt, sollte es im Stall untersucht werden. Es kann unter einem schweren Parasitenbefall leiden oder erkrankt sein.

Weitere Maßnahmen im Herbst

Zusatzfutter

Die Länge der Weidesaison hängt nicht allein vom Wetter und Grasbestand ab, sondern auch von der Art der Weide. In einem milden Herbst kann das Gras noch einmal zu sprießen beginnen und einen hohen Nährwert besitzen. Wenn das Gras dann allmählich zur Neige geht, sollten Sie aufgrund der täglichen Kontrolle rechtzeitig vorbeugend Zusatzfutter geben.
Auf einer Weide mit hoch aufgeschossenem Gras sinkt der Nährwert radikal und die Pferde müssen Zusatzfutter in Form von gutem Heu oder Silage bekommen.
Wenn Sie einen Rundballen mit Silage auf die Weide stellen, dann achten Sie darauf, dass alle Plastikkanten nach innen geschlagen sind, damit die Pferde sie nicht losreißen können. Das Plastik schmeckt gut nach der Silage und wenn die Pferde es fressen, können als Folge davon Verstopfungen oder andere Magen-/Darmbeschwerden auftreten.

Im Stall

Auf der Sommerweide hat sich das Jungpferd hoffentlich weiterentwickelt, so dass es nun bedeutend reifer in den Stall zurückkehrt.
Auch im Herbst sollte es tagsüber häufig draußen bewegt werden, ab und zu kann man es frei laufen lassen. Wichtig ist nun, dass Sie das Pferd an Trense und Geschirr gewöhnen.
Es reicht, wenn mit dem eineinhalbjährigen Pferd ein- bis zweimal pro Woche geübt wird. Sowohl die Muskulatur als auch die Psyche müssen sich dazwischen immer wieder erholen.

Dieses Jungpferd ist gut erzogen und steht frei, während ihm die Trense angelegt wird. Die ersten Male geht es oft einfacher, wenn das Gebiss an einer Seite ausgeschnallt wird.

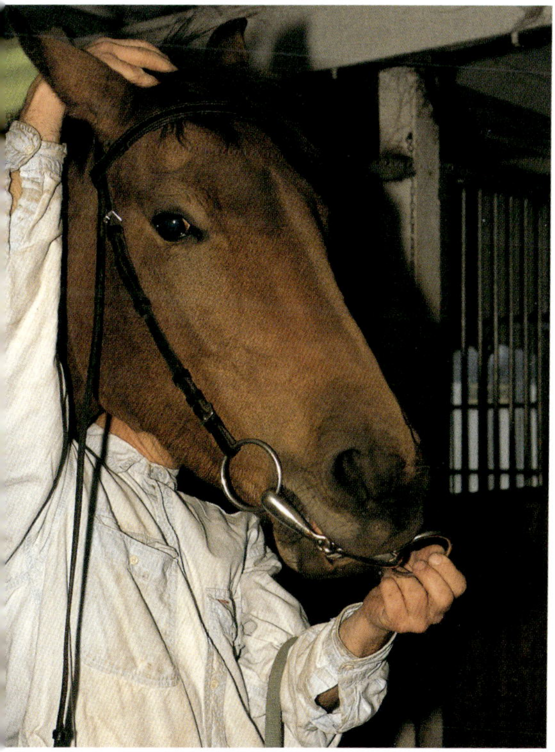

Wenn das Pferd das Gebiss angenommen hat, wird das Backenstück wieder befestigt.

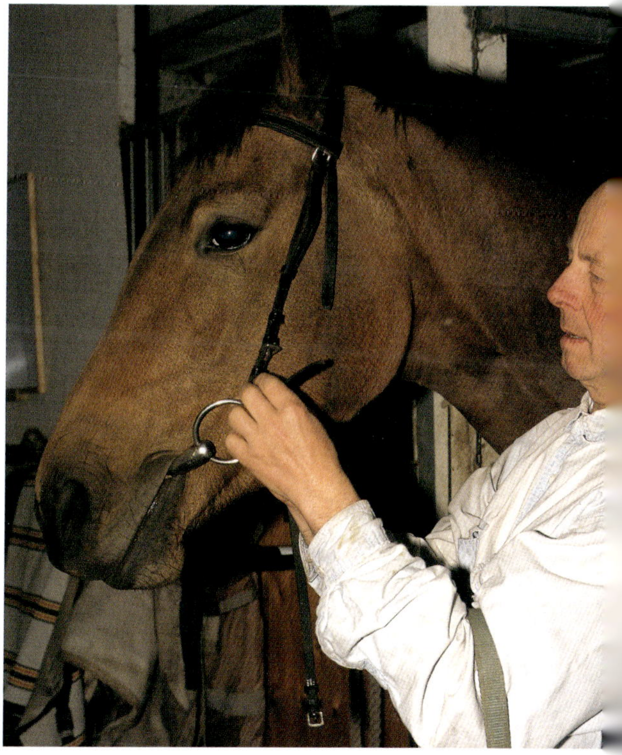

Das Jungpferd muss dem Druck im Maulwinkel folgen lernen. Durch einen spürbaren Zug am entsprechenden Zügel weiß es, wohin es gehen soll.

Gehen Sie weich mit den Zügeln um und sparen Sie nicht mit Lob, wenn das Pferd seine Aufgabe zufriedenstellend erledigt hat.

Auftrensen

Wenn das Pferd die ersten Male aufgetrenst wird, nehmen Sie nur das Kopfstück ohne Nasenriemen oder Zügel. Ein ruhiges Pferd kann beim Aufzäumen frei stehen, ein lebhafteres sollte ein Halfter tragen. Das Pferd bekommt das Gebiss leichter ins Maul, wenn Sie es auf der linken Seite vom Backenstück lösen. Bieten Sie das Gebiss zusammen mit einem Stück Apfel, einer Möhre oder etwas Hafer an. Pferden, die das Maul absolut nicht öffnen wollen, schieben Sie einen Finger in den zahnlosen Teil im Unterkiefer (Laden) und drücken vorsichtig das Maul auf. Nehmen Sie das Halfter ab und befestigen Sie das Gebiss wieder am Backenstück.

Das Gebiss sollte etwas höher über den Laden liegen als das sonst der Fall ist, damit sich das Jungpferd nicht die Unart angewöhnt, die Zunge über das Gebiss zu legen.

Lassen Sie das Pferd ab und zu für einige Zeit aufgezäumt in der Box stehen.

Wenn es sich an das Gebiss gewöhnt hat und das Maul nicht mehr aufreißt oder den Kopf hin und her wirft, werden die Zügel angeschnallt. Nun muss das Pferd lernen dem Zügeldruck zu folgen. Ziehen Sie spürbar an dem Zügel für die Richtung, in die das Pferd gehen soll und loben Sie es, wenn es seine Aufgabe zufriedenstellend erledigt hat.

Schonen Sie das Maul des Pferdes und gehen Sie gefühlvoll mit dem linken und rechten Zügel um. Verwenden Sie eine Dressurgerte zum Antreiben des Pferdes und zur Verstärkung des Zügelzugs. Wiederholen Sie die Übung einige Male. In der Regel versteht das Jungpferd ziemlich schnell, was von ihm verlangt wird. Dann sollten Sie es nicht langweilen und immer wieder das Gleiche von ihm fordern. Am besten üben Sie mit ihm auf der Reitbahn, in einem kleinen Auslauf, einer Koppel oder etwas ähnlichem. Es ist nicht üblich, das Pferd im Gelände mit Gebiss herumzuführen. Wenn es stolpert oder zusammenfährt, riskiert man, ihm heftig im Maul zu ziehen.

Kein Pferd wird mit hartem Maul geboren!

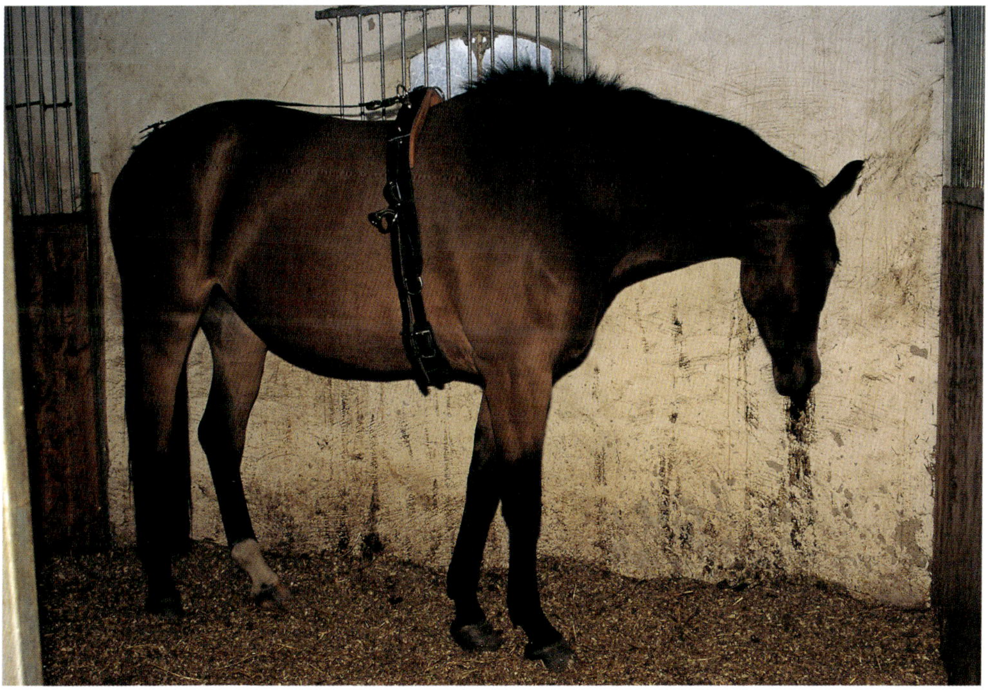

Lassen Sie das Pferd ab und zu mit dem Longiergurt in der Box stehen, damit es sich daran gewöhnt. Dabei sollte es jedoch nicht allein gelassen werden.

Kastration. Der Großteil der Hengste wird kastriert. Es gibt keinen Grund einen Junghengst davon auszunehmen, es sei denn, er ist für die Zucht vorgesehen. Ein Hengst fordert stets eine Sonderbehandlung: eigene Weide, regelmäßige Tagesabläufe im Stall und fachkundige Leute, die sich um ihn kümmern. Sogar ein sehr ruhiger Hengst kann plötzlich sein Verhalten ändern, insbesondere bei einem Umgebungswechsel. Der starke Geschlechtstrieb ist latent vorhanden. Viele Privatställe nehmen aufgrund der Mehrarbeit keine Hengste.

Die übliche Zeit für den Eingriff ist der Herbst, wenn der Hengst eineinhalb Jahre alt ist. Dann sind beide Testikel von der Bauchhöhle in den Hodensack gewandert. Das geschieht normalerweise bereits vor der Geburt oder kurz danach, kann bei manchen Hengsten jedoch auch einige Jahre dauern. Bei einigen verbleiben die Testikel im Nierentrakt oder in der Öffnung zum Hodensack. Diese Hengste werden dann Klopphengste (Kryptorchiden) genannt.

Bei einer Kastration im Stehen erhält der Hengst eine Beruhigungsspritze und eine lokale Betäubung. Danach werden Samenleiter, Blutgefäße und Muskulatur durchtrennt und anschließend die Testikel entfernt.

Bei einer Kastration am abgelegten Pferd liegt der Hengst in Vollnarkose auf dem Rücken, während der Eingriff vorgenommen wird.

Manchmal kommt es einige Tage danach zu einer Schwellung am Hodensack oder auch zu einer Blutansammlung. Wichtig ist, den kastrierten Hengst die ersten Tage ständig zu beobachten, da während dieser Zeit ein erhöhtes Infektionsrisiko besteht. In der Regel verläuft der Eingriff aber ohne Komplikationen, wenn der Hengst nicht älter als eineinhalb Jahre ist. Die Hauptsache ist, dass er gut versorgt wird und dass bei auftretenden Komplikationen sofort die entsprechenden Maßnahmen ergriffen werden.

Ein Klopphengst muss betäubt werden, da bei der Kastration ein Eingriff in die Bauchhöhle notwendig ist. Es ist wichtig, diese Operation durchzuführen, weil sich Klopphengste oft besonders hengstig und aggressiv aufführen. Das hängt damit zusammen, dass die Testikel zu warm in der Bauchhöhle liegen und besonders viele männliche Geschlechtshormone, das Testosteron, produzieren.

Will man einen Hengst für die Zucht behalten, müssen viele Faktoren stimmen: Er muss ein korrektes Exterieur besitzen, eine entsprechende Abstammung haben und über gute Anlagen verfügen. Außerdem sollte man viel Erfahrung im Umgang mit Pferden besitzen, denn einen Hengst zu betreuen ist wahrlich kein Kinderspiel.

Osteochondrose oder Knorpelablösung tritt am Sprung-, Knie- und Fesselgelenk auf. Die Knorpelablösung am Fesselgelenk wird Birkelandsfraktur genannt. Sie zeigt sich im hinteren Bereich der Fessel.

Bei dieser Erkrankung werden kleine Teile vom Wachstumsknorpel abgestoßen. Diese losen Knorpelstücke verursachen eine vermehrte Bildung von Gelenkflüssigkeit. Die Ursache für diese Störung ist nicht ganz geklärt, aber es wird vermutet, dass es sich hier um ein komplexes Geschehen handelt, bei dem unter anderem Futter, genetische Faktoren und Wachstumsgeschwindigkeit eine Rolle spielen. Manche Pferde zeigen keine Symptome, während andere lahmen und deutliche Gallen an den entsprechenden Stellen bekommen.

Osteochondrose wird durch Röntgen festgestellt und dann mit Hilfe der Arthroskopie operiert.

Die Gemeinschaft mit Gleichaltrigen ist wichtig für die psychische und physische Entwicklung.

Gewöhnung an das Geschirr

Durch die Bodenarbeit an der Hand wird ein solider Grundstock für das Einfahren und/oder für einen späteren Wechsel im Hinblick auf die Reitpferde-Ausbildung gelegt.

Gewöhnen Sie das Pferd als Erstes an das Geschirr. Es spielt keine so große Rolle, welche Art Geschirr Sie anfänglich verwenden, solange es in Ordnung und gut gepflegt ist. Bitten Sie einen Helfer, das Pferd am Halfter und Führstrick zu halten, während es am Geschirr riecht und sich mit ihm bekannt macht. Streichen Sie dem Pferd ruhig über den Rücken und legen Sie ihm das Geschirr an. Spannen Sie es so, dass es gut am Körper aufliegt, jedoch nicht zu stramm sitzt.

Lassen Sie das Pferd dann mit dem Geschirr eine Weile in der Box frei umherlaufen, bis es sich daran gewöhnt hat. Manche Pferde empfinden den Schweifriemen anfänglich als etwas unangenehm.

Nachdem das Pferd auf diese Weise früh mit Trense und Geschirr bekannt gemacht wurde, bereitet es keine Probleme im Winter mit der Bodenarbeit fortzufahren.

Grundausbildung zwischen $1^1/_2$ und $2^1/_2$ Jahren

»Setze dein Pferd nie einer zu großen Belastung aus, damit du ihm am nächsten Tag noch in die Augen sehen kannst.«

Jan-Erik »Nicke« Pahlsson
Einer der weltbesten Vierspänner-Fahrer

Ziel für die Zeit zwischen eineinhalb und zweieinhalb Jahren ist es, das Pferd an die Bodenarbeit zu gewöhnen, es eventuell einzufahren, mit dem Freispringen zu beginnen und ihm den Sattel aufzulegen.

Ungefährer Zeitplan:
- Im Herbst Bodenarbeit.
- Nach Neujahr Freispringen sowie Klettern im Gelände.
- Im Frühjahr Einspannen vor den Wagen.
- Vor der Weidesaison Gewöhnung an den Sattel.
- Von Juni bis August Aufenthalt auf der Weide.

Die intensivste Wachstumsperiode des Pferdes ist nun vorüber, auch wenn es sich fortwährend weiterentwickelt. Zu diesem Zeitpunkt haben sich die meisten Wachstumsfugen geschlossen, dennoch darf nicht vergessen werden, dass das gesamte Gewebe noch sehr zart ist und keinen allzu starken Belastungen ausgesetzt werden darf. Aber es gilt weiterhin der Grundsatz, dass das Jungpferd viel Bewegung für eine gute körperliche Entwicklung und den Aufbau seiner Widerstandskräfte braucht.

Jetzt entwickeln sich vor allem die Muskeln. Arbeiten Sie höchstens jeden zweiten Tag mit dem Pferd, damit sich die Muskeln wieder erholen können. Dadurch verringert sich auch das Risiko, dass Muskelschmerzen auftreten und das Pferd erlebt die Ausbildung als positiv. Vielleicht gehört Ihr Pferd zu den Jungpferden, die nach der Arbeit etwas ausruhen müssen. Gönnen Sie ihm diese Pause!

Bodenarbeit

Ist das Pferd an die Trense gewöhnt, sollte es als Nächstes dem Zügeldruck folgen lernen. Wenn ihm auch ein Geschirr angelegt werden kann, ist es Zeit, seine Ausbildung mit der Bodenarbeit fortzusetzen. Sie besitzt viele Vorteile, auch für den, der nicht die Absicht hat, sein Pferd einzufahren. Die Bodenarbeit ist nicht nur eine ausgezeichnete Abwechslung zum normalen Reittraining, sondern auch eine gute Möglichkeit für den Reiter, um festzustellen, wie das Pferd seinen Körper einsetzt. Wenn er hinter dem Pferd geht, sieht er genau, wie die Muskeln arbeiten, und ob das Pferd auf der einen oder anderen Seite schief ist.

Das Pferd gewöhnt sich auch daran, vorwärts zu gehen, wenn Sie hinter ihm laufen und es antreiben.

Die ersten Male sollten Sie einige Helfer um Unterstützung bitten. Eine Person geht mit einem älteren, ruhigen Pferd vor dem Jungpferd, so dass es folgen kann. Dabei wird es von einer Person am Führstrick geführt und einer hält die Leinen.

Schnalzen Sie, wenn das Pferd losgehen soll, aber schlagen Sie ihm auf keinen Fall mit den Leinen auf die Lenden. Verwenden Sie konsequent das *Schnalzen* beim Anziehen und bei der Beschleunigung des Schritts, den *sss-Laut* für Trab und *Brrrh* oder *Haaalt* für das Verlangsamen und Stoppen.

Diese Kommandos werden später auch beim Laufen an der Longe, Einfahren sowie Einreiten verwendet.

Durch das vorhergehende Zügeltraining versteht das Pferd, was Sie von ihm wollen, wenn Sie vorsichtig auf die eine oder andere Seite schwingen und stoppen. Setzen Sie die Stimme häufig ein und geizen Sie nicht mit Lob, wenn das Pferd seine Aufgabe gut ausgeführt hat.

Lassen Sie die Leinen ab und zu über den Rücken und an den Lenden entlanggleiten, um das Pferd an diese Berührung an der Hinterhand zu gewöhnen.

Später brauchen die Helfer nur noch an der Seite des Pferdes zu gehen und bei Bedarf eingreifen. Bald können Sie die Bodenarbeit an der Hand ohne fremde Hilfe ausführen. Statt allein mit dem Pferd zu arbeiten, kann ihm zur Abwechslung ab und zu ein Reiter oder ein anderes Pferd Gesellschaft leisten.

Wenn das Pferd tadellos geradeaus geht, können Sie die Bodenarbeit in das Gelände oder auf kleine Wege hinaus verlegen. Wechseln Sie zwischen Schritt und Trab und lassen Sie das Pferd halten.

Üben Sie mit ihm das Stillstehen. Das ist wichtig bei Fahrpferden, die beim Ein- und Ausspannen beziehungsweise beim Ein- und Aussteigen der Fahrgäste ruhig stehen bleiben müssen.

Arbeiten Sie mit dem Pferd immer nur kurze Zeit, sonst verliert es den Spaß daran und könnte überanstrengt werden.

Sprechen Sie mit dem Pferd. Es hört Ihnen besser zu als die meisten Menschen.

Durch die Bodenarbeit lernt das Pferd ausgezeichnet das Vorwärtsgehen. Dieses Pferd ist bereits so daran gewöhnt, dass keine Helfer mehr nötig sind.

Tierärztlicher Rat

Pulsfühlen ist eine ausgezeichnete Möglichkeit, den Gesundheitszustand des Pferdes zu kontrollieren. So können Sie mitverfolgen, wie sich seine Kondition verbessert.

Puls ist der allgemeine Ausdruck für Herzfrequenz. Diese wird beim Pferd an verschiedenen Stellen gemessen: auf beiden Seiten des Brustkorbs, an der Schlagader zwischen Auge und Ohr, auf der Rückseite der Fessel sowie unter den Ganaschen.

Wenn Sie feststellen möchten, wo der Puls genau sitzt, warten Sie am besten ab, bis das Pferd einmal richtig außer Atem geraten ist und das Herz kräftig pumpen muss. Dann kann der Puls entweder mit dem Stethoskop, mit der Hand oder dem Pulsmesser gefühlt werden. Ein Stethoskop ist einfach und zuverlässig in der Anwendung und in jeder Apotheke erhältlich. Setzen Sie die Ohrenpfropfen richtig auf, sie müssen nach vorn zeigen. Das Stethoskop wird am besten an der linken Seite des Brustkorbs angesetzt. Lassen Sie es ein Stück hinter den Ellenbogen gleiten, dort ist der Herzschlag am deutlichsten zu hören (siehe Bild Seite 115).

Wird der Puls mit der Hand gefühlt, geschieht das mit dem Handrücken, weil er sensibler ist als die Fingerkuppen. Die Pulskontrolle auf der Rückseite der Fessel wird mit dem Zeige- und Mittelfinger durchgeführt. Wenn Sie auf die kräftige, deutlich sichtbare Ader drücken und dann loslassen, fühlen Sie genau den Pulsschlag.

Ein Pulsmesser wird meist bei hart trainierenden Pferden verwendet, wenn Sie sofort sehen möchten, wie ein bestimmter Boden das Leistungsvermögen des Pferdes beeinflusst. Er besteht aus einer Satteldecke mit einer Platte, die auf dem Brustkorb aufliegt und die Herzfrequenz registriert. Diese kann auf einer Armbanduhr mit Sekundenzeiger abgelesen werden. Beim Fahren wird der Pulsmesser am Geschirr befestigt.

Wenn Sie den Pulsrhythmus sicher gefunden haben – was anfangs einige Zeit dauert –, zählen Sie die Schläge 15 Sekunden lang und multiplizieren sie mit vier.

Um den Pulswert als Kontrollinstrument einsetzen zu können, müssen Sie erst den normalen Ruhepuls des Pferdes kennen. Dieser ist individuell verschieden und variiert zwischen 28 bis 48 Schlägen pro Minute. In der Regel liegt er bei rund 44 Schlägen. Zur Feststellung des Normalwerts wird der Puls einige Tage lang immer zur gleichen Zeit kontrolliert. Am besten geschieht das früh morgens, noch ehe das Pferd gefüttert wurde oder sich angestrengt hat. Notieren Sie diese Normalwerte und nehmen Sie sie als Ausgangspunkt für weitere Pulskontrollen.

Möchten Sie feststellen, wie sehr sich Ihr Pferd angestrengt hat, kontrollieren Sie 10 bis 12 Minuten nach Abschluss einer Übung den Puls, beispielsweise nach einem freien Galopp. Wenn das Pferd die Anstrengung gut überstanden hat, sollte der Puls unter 100 Schlägen pro Minute liegen, am besten bei 80 Schlägen. Übersteigt er dagegen 100 Schläge, hat sich das Pferd bereits überanstrengt.

Dieser Pulswert wird Erholungswert genannt und ist eine sehr zuverlässige Kontrolle beim Konditionstraining.

Bei einem gleichmäßigen Erholungswert zwischen 60 und 80 Schlägen pro Minute ist das Pferd in der Lage, die nächste, intensivere Trainingsphase zu absolvieren, oft in Form längerer Übungseinheiten.

Hat sich der Pulsschlag des Pferdes scheinbar unmotiviert erhöht, kann das auf eine beginnende Infektion oder Lahmheit deuten. Die regelmäßige Kontrolle des Pulses ist eine gute Möglichkeit, sich über den Gesundheitszustand seines Pferdes auf dem Laufenden zu halten.

Freispringen kann in einem eingezäunten, kleinen Auslauf oder in der Reithalle geübt werden.

Wenn das Pferd verstanden hat, um was es dabei geht, springt es in der Regel problemlos über das Hindernis.

Freispringen

Zum Freispringen wird eine eingezäunte Reitbahn oder eine Reithalle mit einem inneren, geschlossenen Ring aus Stangen und Ähnlichem gebraucht. Verwenden Sie aber nur solches Material, bei dem das Pferd nicht hindurchlaufen oder sich darin verfangen kann. Decken Sie vorhandene Spiegel ab, damit es nicht verleitet wird, geradewegs in sie hineinzulaufen oder -springen. Es sind schon schreckliche Unfälle mit Pferden passiert, die versucht haben, über die Seitenwand zu springen und sich dabei an den Spiegeln verletzt haben.
Viele regionale Zuchtverbände bieten Kurse für Freispringen an, an denen Pferde ab einem Alter von zwei Jahren teilnehmen können.
Schützen Sie die Beine der Pferde durch Sehnenschoner oder Gamaschen.
Die ersten Male wird das Jungpferd im Schritt über die Cavaletti geführt. Dann darf es frei traben und erhält ein Lob und Leckerbissen, nachdem es hinter den Stangen wieder eingefangen wurde. Um das Pferd bei dieser Übung in der Spur zu halten, sind schon einige Helfer nötig!
Wenn das junge Pferd verstanden hat, dass es über die Stangen gehen soll, bauen Sie kleine Hindernisse auf. Die Helfer treiben das Pferd ganz ruhig zu einem gleichmäßigen Galopp an. In der Regel wird etwa 7 Meter vor dem Sprung ein niedrigeres Hilfshindernis aufgebaut. Beginnen Sie nicht mit zu hohen Hindernissen. Bei diesen ersten Übungen soll das Pferd Zutrauen zu sich fassen und entdecken, dass es springen kann und dass das Ganze Spaß macht. Sie können dann nach und nach die Höhe und Breite der Hindernisse steigern.
Es genügt vollkommen, das Freispringen einige Male im Monat zu üben.

Sonstige Ausbildung

Je nachdem, wie spontan der Zweijährige auf der Weide umherläuft, und ob er sich auf abwechslungsreichem, hügeligem Gelände oder auf einer völlig ebenen Koppel bewegt, werden Bodenarbeit und Freispringen mit Freilaufen und/oder Klettern komplettiert. Ein sehr ruhiger Zweijähriger sollte ein paar Mal im Monat galoppieren, jedoch höchstens 5 Minuten. (Über das Freilaufen wurde ausführlich im vorigen Kapitel berichtet.)

Klettern in hügeligem Gelände stärkt die Rückenmuskulatur, damit das Pferd später den Reiter tragen kann.

Das junge Pferd wird bestens bewegt, wenn Sie es als Handpferd mitführen.

Das Erklimmen kleiner Anhöhen baut die Muskulatur auf, ohne dass die Beine des Pferdes allzu stark belastet werden. Das ist eine der effektivsten Methoden mit dem Pferd zu arbeiten.
Ein Zweijähriger wird entweder die Hänge hinaufgeführt oder als Handpferd neben einem gerittenen Pferd mitgeführt. Das setzt jedoch voraus, dass sich die Pferde gut verstehen. Beginnen Sie mit sanften Steigungen und erhöhen Sie den Schwierigkeitsgrad nach und nach. Klettern Sie im Schritt.

Im »Tierärztlichen Rat« auf Seite 50 haben Sie bereits erfahren, wie Sie durch regelmäßige Pulskontrolle einerseits die Konditionsverbesserungen des Pferdes mitverfolgen können, andererseits aber auch sehen, ob es überanstrengt worden ist.

Überfordern Sie das Jungpferd nicht und arbeiten Sie höchstens jeden zweiten Tag mit ihm! Muskeln und Psyche brauchen Zeit, um sich zu erholen.

Fahren

Heutzutage ist der Fahrsport mit eleganten Kutschen sowohl im Freizeitsport als auch im Turniersport weit verbreitet. Immer mehr Menschen entdecken, wie viel Spaß es bereitet, sein Pferd vor den Wagen zu spannen. Es ist ein Erlebnis ganz anderer Art in einem Wagen hinter dem Pferd zu sitzen. Außerdem können Sie das Vergnügen mit anderen teilen, da mindestens zwei bis drei Personen gleichzeitig mit von der Partie sein können. Das Fahren ist nicht nur ein gutes Gehorsamkeitstraining, sondern auch eine ausgezeichnete Möglichkeit, die Muskeln der vorderen Körperpartie des Pferdes zu stärken.
In Ungarn – einem Land mit langer Pferdetradition – ist es üblich, alle Pferde einzufahren. Das ist auch bei den Lipizzanern und einigen anderen Rassen der Fall.

Einfahren

Das Fahren birgt allerdings mehr Risiken als das Reiten. Das hängt mit dem Fluchtinstinkt des Pferdes zusammen: Vor den Dingen, die das Pferd erschrecken, läuft es weg. Wird es vor einen Wagen gespannt, kann das folgenschwere Konsequenzen haben. Deshalb müssen Sie stets wissen, was Sie tun und dürfen keine Sicherheitsmaßnahmen außer Acht lassen.
Zum Einfahren brauchen Sie einige Helfer, wenn alles ruhig und sicher ablaufen soll. Ideal ist es, das Jungpferd unter der Leitung einer erfahrenen Person bei einem Fahrkurs einzufahren. Dort erhalten alle Teilnehmer entsprechende Hilfestellungen.
Wenn das Pferd im Frühjahr bereits an Bodenarbeit gewöhnt wurde, gehorsam vorwärts geht, auf verwahrende Hilfen reagiert und Wendungen beherrscht, kann mit dem Einfahren begonnen werden.
Der nächste Schritt dabei ist, das Pferd an die Stränge zu gewöhnen. Ein Helfer hält die Stränge, die am Brustblatt des Geschirrs befestigt sind und zieht danach daran, so dass das Pferd einen gewissen Widerstand spürt und ziehen muss. Gleichzeitig fühlt es die Leinen an den Seiten.
Für die kommende Übung sollte das Pferd auf eine eingezäunte Weide geführt werden. Es muss nun mit den Scheren des Wagens Bekanntschaft machen, die unbeweglich sind und nicht wie die Stränge dem Pferdekörper folgen.
Stopfen Sie dem Pferd am besten Watte in die Ohren. Das ist eine wirksame Methode, die Geräusche zu dämpfen und das Pferd somit zu beruhigen.
Es gibt verschiedene Möglichkeiten das Pferd an die Scheren zu gewöhnen. Eine davon ist, das Pferd nur mit den Scheren gehen zu lassen, die hinten mit einem quer laufenden Brett zusammengehalten werden. Das ist jedoch alles sehr schwerfällig und birgt das Risiko in sich, dass das Pferd mit einem Hinterbein oder beiden über die Scheren schlägt.
Eine andere Methode ist, das Pferd direkt vor einen leichten Sulky zu spannen. Ein Helfer folgt dem Sulky und hält ihn, damit er nicht klappert und das Pferd erschreckt.
Welche Methode Sie auch immer wählen, es ist wichtig, langsam vorwärts zu gehen und genau auf die Reaktionen des Pferdes zu achten. Am Spiel der Ohren und an der Körperhaltung können Sie eine »Explosion« voraussehen und sie vielleicht abwenden, indem Sie das Pferd mit einem Schnalzen einfach ablenken.
Am schwierigsten sind häufig die Pferde, die zunächst keine direkten, äußeren Anzeichen von Angespanntheit zeigen, sondern »die Gefühle in sich hineinfressen und dann plötzlich in die Luft gehen«, wenn es ihnen zu viel wird. Solch einem »Pulverfass« hilft die Gesellschaft eines ruhigen und erfahren Pferdes.
Achten Sie stets darauf, dass das Maul des Pferdes geschont wird. Beim Einspannen vor den Sulky legen Sie dem Pferd außer dem Kopfstück auch das Halfter an und befestigen daran einen langen Führstrick. Ein Helfer kann dann neben dem Pferd gehen und es halten, so dass Sie nicht riskieren an den Zügeln zu ziehen, wenn das Pferd Schwierigkeiten macht.
Wenn das junge Pferd vor den Sulky und später vor den Wagen gespannt wird, empfiehlt es sich, dass immer ein Helfer vor dem Pferd steht und es hält. Selbst das fertig eingespannte Pferd sollte so lange von einem Helfer gehalten werden,

Beim Einfahren sind viele Helfer nötig. Hier werden die Leinen aufgenommen.

Das Pferd wird daran gewöhnt, dass die Zugstränge an der Hinterhand anliegen.

Das Jungpferd wird zum ersten Mal vor einen Sulky gespannt.

Ein Helfer hält anfangs den Sulky, damit er nicht klappert und das Pferd erschreckt.

Gewöhnen Sie einen Zweijährigen vor dem Auflegen des Sattels an eine Satteldecke mit Gurt.

bis der Fahrer auf seinem Platz sitzt und die Zügel übernimmt.

Akzeptiert das Pferd den Sulky hinter sich, setzt sich der Fahrer auf den Bock und der Helfer geht Schritt für Schritt immer weiter nach hinten. Wenn das Pferd ruhig wirkt, nimmt er ebenfalls auf dem Bock Platz.

Fahren Sie anfangs im Schritt und achten Sie darauf, dass Sie das Pferd nicht ermüden, denn nun werden viele neue Muskelgruppen beansprucht. Das Pferd ist in wenigen, aufeinanderfolgenden Tagen eingefahren, aber dazwischen braucht es immer wieder kurze Pausen.

Auch wenn das Pferd noch so ruhig und vertrauensvoll vor dem Sulky wirkt, sollten Sie stets einen Helfer zur Seite haben. In Fachkreisen wird häufig sogar empfohlen, selbst bei eingefahrenen Pferden immer eine Begleitperson dabei zu haben.

Ausrüstung

Normalerweise brauchen Sie für das Fahren keine besondere Ausrüstung, aber wenn Sie es regelmäßig betreiben wollen, sollten Sie sich einen richtigen Fahrzaum mit Scheuklappen anschaffen. Kaufen Sie auch ein Geschirr für die gewünschte Fahrtart: Beim Fahren im Gelände ist ein Kumt erforderlich, während beim Dressurfahren ein leichteres Brustblattgeschirr reicht.

Hilfen beim Fahren

Das eingefahrene Pferd sollte sich genauso gehorsam und mit dem gleichen Schwung und der Geschmeidigkeit wie ein Dressurpferd bewegen. Es stimmt nicht, dass das Pferd sein ganzes Gewicht im vorderen Bereich hat und durch festen Zug an den Zügeln geführt wird.

Da keine Gewichts- und Schenkelhilfen eingesetzt werden können, um das Pferd zu leiten, spielt die Hand eine sehr wichtige Rolle. Das höchste Lob für einen Fahrer oder Reiter ist, »eine gute Hand« zu besitzen. Das bedeutet, über ein feines Gespür in der Hand zu verfügen und das Pferd mit weicher und steter Anlehnung am Gebiss gehen zu lassen.
Die Stimme ist ein wichtiges Hilfsmittel beim Fahren und ersetzt zusammen mit der Gerte die Schenkel des Reiters.

Fortgesetztes Training

Bis zu Beginn der Weidesaison spannen Sie einige Male in der Woche das Pferd ein. Es reicht, im Schritt zu fahren. Dabei wäre ein zweites Pferd als Begleitung ideal. Wechseln Sie die Fahrtrouten, damit das Pferd mit der Zeit verschiedene Wege kennen lernt.

Satteln

Bevor der Zweijährige auf die Weide kommt, wird er an den Sattel gewöhnt. Ein Pferd, mit dem über Monate hinweg Bodenarbeit praktiziert wurde, reagiert in der Regel nicht erschrocken, wenn ihm ein Sattel auf den Rücken gelegt wird. Sie können dem Jungpferd auch zunächst eine Satteldecke auflegen, um zu sehen wie es reagiert, und es erst danach satteln.
Legen Sie dem Pferd die ersten Male beim Satteln einen Kappzaum an. Das Gleiche gilt, wenn es mit dem Sattel geführt wird. Ein Kappzaum ist ein kräftiges Halfter mit einem metallverstärkten Nasenriemen. Der Führstrick wird an der Vorderseite des Nasenriemens befestigt. Dadurch ist das Pferd kräftemäßig dem unterlegen, der es führt.
Der Kappzaum ist ein gutes Hilfsmittel, wenn Sie ein sehr temperamentvolles Jungpferd im Gelände umherführen oder einen Junghengst in Schach halten müssen.
Durch einen Kappzaum wird das Maul des Pferdes geschont und der Führer besitzt eine gute Kontrolle über das Tier. Nehmen Sie die Steigbügelriemen ab, damit keine unnötigen Ausrüstungsteile am Sattel hängen.

Lassen Sie das Pferd den Sattel erst einmal beriechen und untersuchen, bevor Sie ihn auf seinen Rücken legen. Verängstigen Sie das Pferd nicht, indem Sie achtlos mit den Sattelgurten umgehen und diese dem Pferd eventuell an die Vorderbeine schlagen. Reden Sie beruhigend auf das Pferd ein, während Sie die Gurte anziehen.
Manche Pferde buckeln aus Protest gegen den Sattelgurt, aber beruhigen sich schnell wieder, wenn sie zu laufen beginnen.
Wenn das Pferd den Sattel akzeptiert, lassen Sie ihn bei Waldspaziergängen oder Kletterpartien auf dem Rücken liegen. Legen Sie dem Pferd einen Kappzaum an und führen Sie es an einem langen Führstrick.

Weide

Nach dem Entwurmen und Impfen wird der Zweijährige am besten zusammen mit Gleichaltrigen auf die Weide geschickt. Im vorigen Kapitel wurde ab Seite 41 bereits über die Qualität der Weide und Kontrolle der Tiere geschrieben.

Zwang fördert Widerstand! Passen Sie die Methoden jedem einzelnen Individuum an.

Mit einem Kappzaum können Sie das Pferd gut halten, ohne zu riskieren, dass es hart im Maul wird.

Tierärztlicher Rat

Fütterungskontrolle. Auch wenn das Pferd in diesem Jahr nicht mehr so stark wie im letzten wächst, ist sein Bedarf an Proteinen und Energie trotzdem noch sehr groß. Wissenschaftliche Untersuchungen haben gezeigt, dass kein Pferd in den untersuchten Gruppen von Zweijährigen ausreichend mit Proteinen versorgt war.

Das Pferd benötigt etwa 550 Gramm verwertbares Rohprotein pro Tag und hat einen Energiebedarf von etwa 85 Megajoule.

Da alle Pferde Individuen mit verschiedenen Voraussetzungen sind, darf man sich niemals sklavisch an eine Zahlentabelle halten, sondern muss sich auf sein »Pferdeauge« verlassen. Bei ausgewogenen Futtergaben ist das Pferd genau richtig ernährt. Es ist weder zu fett noch zu mager, sein Fell glänzt seidig und es macht einen aufgeweckten Eindruck.

Sollte die obere Grenze von Proteingaben erreicht sein, zeigt sich das auf verschiedene Weise:

- Das Pferd kann geschwollene Glieder bekommen. Sie werden Gallen genannt und treten in der Regel zuerst am Sprunggelenk auf.
- Hautknoten können sich bilden, vor allem im Bereich der Sattellage, am Widerrist und an den Lenden.
- Die Beine schwellen leicht an, besonders in Zusammenhang mit zu wenig Bewegung.
- Die Exkremente sind flüssig.

Diese Zeichen deuten darauf hin, dass die Proteinzufuhr zu hoch ist und reduziert werden muss. Bei einer akuten Überfütterung mit Proteinen kann eine Streptokokkenkultur angesetzt werden. Ziehen Sie den Tierarzt zu Rate.

Systematische Untersuchung. Wenn das Pferd immer regelmäßig bewegt wird, ist es sehr wichtig, seinen Normalzustand so gut zu kennen, dass Veränderungen aller Art sofort festgestellt werden können. Vor jedem Arbeitseinsatz sollten Sie den gesamten Körper des Pferdes untersuchen.

Beginnen Sie am Widerrist und streichen Sie den Rücken bis zu den Hinterbeinen entlang. Verfahren Sie dabei sehr vorsichtig und drücken Sie nicht zu stark auf den Körper. Ein in den Muskelpartien empfindliches Pferd reagiert darauf mit Verspannung.

Tasten Sie die Vorder- und Hinterbeine nach Gallen, also weichen Anschwellungen, an den Gliedern, Sehnen und Sehnenscheiden ab.

Manche Jungpferde bekommen **Überbeine** (knöcherne Verdickungen) direkt unterhalb des Karpalgelenks. Überbeine bilden sich als Reaktion des Körpers, um Risse in der Knochenhaut zu heilen, die durch einen direkten Schlag auf das Bein oder durch Überanstrengung entstanden sind. Letztere muss gar nicht von zu harter Arbeit herrühren, sondern ist beispielsweise das Ergebnis eines zu festen Bodens auf der Weide. In warmen, trockenen Sommern wird die Erde hart wie Zement, was bei Jungpferden oft zu Überbeinen führt.

- Umfassen Sie die Hufe mit der ganzen Hand. Wärme oder Pulsschlag in einem Huf sind ein Zeichen für ein beginnendes Hufgeschwür oder Hufrehe.
- Kontrollieren Sie, ob sich Kies oder Sand in der Fesselbeuge angesammelt hat. Das Pferd besitzt an dieser Stelle eine sehr dünne Haut und es können sich schwer heilende Scheuerwunden bilden.

Wenn Sie einige der oben genannten Warnsignale entdecken, sollte eine Arbeitspause für einige Tage eingelegt und das Pferd auf die Koppel geschickt werden.

Einreiten zwischen $2^1/_2$ und 3 Jahren

»Gute Rittigkeit bedeutet, dass das Pferd willig unter dem Reiter geht, die Hilfen versteht und den Reiter vom Exterieur her gut sitzen lässt.«

ELISABET LUNDHOLM
Dressurtrainerin, Schiedsrichterin und Fernsehkommentatorin

Vorschläge für einen Ausbildungsplan im Herbst

Wenn das bald zweieinhalbjährige Pferd von der Weide kommt, sollte ein Plan für seine Ausbildung im Herbst erstellt werden. Ziel ist die Teilnahme des Jungpferdes an der Eignungsprüfung für Dreijährige. Dabei werden sein Exterieur, die Gangarten, seine Geschicklichkeit im Freispringen und die Bereitschaft unter dem Reiter zu gehen getestet.
Je nach den Fähigkeiten des Pferdebesitzers und den praktischen Gegebenheiten gibt es nun eine ganze Reihe von Möglichkeiten, das Jungpferd drei- bis viermal pro Woche weiter auszubilden. Sie können dabei unter den nachfolgend aufgeführten Vorschlägen wählen.
Arbeiten Sie höchstens an jedem zweiten Tag mit dem Pferd und lassen Sie es dazwischen auf die Weide.

Vorschläge:

- Bodenarbeit/Fahren 15 bis 20 Minuten, im Schritt und Trab.
- Im Gelände etwa 20 Minuten an der Hand im Schritt gehen, mit Kletterpartien. Die Steilheit der Hänge nach und nach steigern.
- Freispringen einmal pro Monat.
- Freilaufen 3 bis 4 Minuten einmal pro Monat.
- Neu für diesen Abschnitt: Ein leichter Reiter sitzt auf und das Pferd wird mit ihm etwa 5 Minuten im Schritt geführt. (Achtung! Höchstens zweimal pro Woche.)

Verlängern Sie nach und nach die Übungseinheiten, aber achten Sie darauf, dass Ihr Pferd nicht überanstrengt wird (das gilt besonders für groß gewachsene Pferde) oder das Interesse verliert. Die Arbeit soll dem Pferd Spaß machen, so dass es gar nicht aufhören möchte, wenn Schluss ist. Kontrollieren Sie regelmäßig den Puls, so wie auf Seite 50 beschrieben wurde. Dann können Sie einschätzen, wie gut seine Kondition ist. Liegt der Puls 10 Minuten nach der Übung noch über 100 Schlägen pro Minute, ist die Anstrengung zu groß gewesen und die Intensität des Trainings muss verringert werden. Arbeiten Sie dann nicht mehr mit dem Pferd weiter, sondern gönnen Sie ihm einige Tage Erholung auf der Weide.

Longieren Sie das Pferd mit Sattel.

Gewöhnung an den Reiter

Wer die Möglichkeit hatte, bei der Grundausbildung wie im vorigen Kapitel empfohlen vorzugehen, braucht das Pferd vor der Gewöhnung an den Reiter nicht zu longieren. Das Jungpferd sollte zu diesem Zeitpunkt so willig und positiv dem Menschen gegenüber eingestellt sein, dass es akzeptiert, was wir mit ihm tun.
Wer dagegen einen »rohen« Zweieinhalbjährigen gekauft hat, muss das Pferd unter Umständen erst longieren, um mit ihm eine Grundausbildung durchzuführen, bevor ein Reiter aufsitzt.

Longieren

Das Pferd sollte beim Longieren einen Kappzaum tragen sowie Sehnenschoner, um sich nicht zu treten. Sie selbst arbeiten mit einer 8 bis 10 Meter langen Longe, die nicht aus synthetischem Material besteht, sowie einer Longierpeitsche. Die Longe darf unter keinen Umständen direkt am Gebiss befestigt werden. Abgesehen davon ist es eigentlich unzulässig, ein nur aufgetrenstes Pferd zu longieren.

Tragen Sie am besten Handschuhe, dann haben Sie die Leine fester im Griff.
Spezielle Longierplätze sind ideal. Leider findet man sie nur sehr selten in Reitsportanlagen vor. Das ist schade, denn durch sie werden weit weniger Verschleißschäden und Gelenkbrüche bei Pferden verursacht als beim Longieren auf planem Boden.
Jungpferde sollten nicht zu oft oder zu lange longiert werden. Betrachten Sie das Longieren vielmehr als eine Möglichkeit, dem Pferd bestimmte Kommandos beizubringen und ein noch nicht erzogenes Pferd zu zähmen.
Ein Helfer führt das Pferd so lange im Schritt rundherum, bis es verstanden hat, dass es einem Kreisbogen folgen muss. Die Peitsche wird direkt hinter dem Pferd als treibende Hilfe gehalten. Hier gelten die gleichen Kommandos wie bei der Bodenarbeit: Schnalzen für Schritt, sss-Laut für Trab und ein lang gezogenes *Brrrh* oder *Haalt* für das Verlangsamen und Stoppen. Nun kommt noch das Kommando *Galopp* dazu.
Wichtig ist, die Begriffe konsequent zu verwenden, sonst wird das Pferd verwirrt. Was heute *Halt* bedeutet, muss es auch morgen bedeuten.
Wenn das Pferd der Spur problemlos folgt, las-

sen Sie die Peitsche unmittelbar über dem Ellenbogen auf einen Punkt zeigen. Sobald es zögert, die Vorwärtsbewegung weiter auszuführen, wird die Peitsche sofort hinter das Pferd gerichtet, um es nach vorn anzutreiben.

Knallen Sie mit der Peitsche oder berühren Sie kurz das Pferd, aber schlagen Sie es nie damit.

Den meisten Pferden fällt es leicht, auf der linken Hand zu gehen, da sie gewöhnt sind von der linken Seite geführt zu werden. Beim Wechseln auf die rechte Hand kann es deshalb die ersten Male Schwierigkeiten geben. Der Helfer muss nun die Longe wechseln und das Pferd in die neue Richtung führen. Diese empfindet das Pferd jedoch als »verkehrt« und versucht verständlicherweise wieder auf die linke Hand zu wechseln. Sie müssen Geduld haben, bis sich das Pferd daran gewöhnt hat.

Anfangs wird der Zirkel eher eiförmig als rund. Das hängt damit zusammen, dass junge Pferde auf einem Bogen das Gleichgewicht nicht halten können. Sie bewegen sich viel zu gerade; so entsteht statt eines runden Bogens eine Ecke auf der einen Seite und eine scharfe Krümmung auf der anderen. Dann gilt es mit der Peitsche zu parieren und dem Pferd zu zeigen, was richtig und falsch ist. Tippen Sie bestimmt den Hals und Kopf an, wenn das Pferd mehr außen auf dem Zirkel laufen soll.

Wenn es problemlos in allen Gangarten auf beiden Händen geht, wird es an eine Satteldecke oder einen Sattel ohne Steigbügel gewöhnt. Lesen Sie dazu den Abschnitt »Satteln« auf Seite 59.

Loben Sie das Pferd, wenn es sich geschickt anstellt! Pferde »wachsen« mit dem Lob.

Einen Reiter tragen

Als Nächstes muss das Pferd an den Reiter gewöhnt werden. Das heißt, gegen Ende des Herbstes kann ein leichter Reiter aufsitzen. Auch wenn das Jungpferd ausreichend Vertrauen zu den Menschen gefasst hat, sollten Sie methodisch, Schritt für Schritt, vorgehen:

Wenn das Pferd vertrauensvoll den Sattel trägt, lassen Sie einen Reiter über den Rücken hängen. Der Reiter darf keine »bauschige« oder flatternde Kleidung tragen.

Wenn ein Pferd die ersten Male einen Reiter trägt, sollte dieser nicht die Schenkel andrücken und sich nicht nach vorn beugen, um das Pferd nicht mit seinem Oberkörper zu erschrecken.

- Nachdem das Pferd daran gewöhnt ist, den Sattel zu tragen, werden nun die Steigbügelriemen angebracht, so dass die Steigbügel herabhängen und die Seiten des Pferdes berühren. Halten Sie das Pferd an Kappzaum und Longe und lassen Sie es galoppieren, auch Bocksprünge machen, wenn es will. Manche Pferde reagieren sehr heftig darauf, wenn ihnen die Steigbügel an die Seiten schlagen. Andere dagegen kümmern sich überhaupt nicht darum.
- Lassen Sie den Reiter einige Male über den Pferderücken hängen und führen Sie das Pferd dabei im Schritt. Sprechen Sie mit dem Pferd, loben Sie es und muntern Sie es auf.
- Dem Reiter wird in den Sattel geholfen (die Steigbügel bleiben unbenutzt) und er lässt sich einfach nur tragen. Er setzt seine Schenkel nicht ein und sitzt gerade, um das Pferd mit seinem Oberkörper nicht zu erschrecken.
- Wenn das Pferd daran gewöhnt ist, einen Reiter auf dem Rücken zu tragen, beginnen Sie damit, die Schenkel leicht einzusetzen und die mündlichen Kommandos auf die Schenkelhilfen zu übertragen. Drücken Sie leicht mit den Schenkeln und schnalzen Sie gleichzeitig. Nach einigen Malen versteht das Pferd den Schenkeldruck ohne Schnalzen. Dabei wird das Pferd von einem Helfer geführt.

Wichtig ist das Pferd nicht zu erschrecken oder misstrauisch dem Reiter gegenüber zu machen. Je ruhiger dieser erste Teil des Einreitens abläuft, desto besser geht das Folgende.
Die ersten Ritte sollten auf einer umfriedeten Reitbahn oder in einer Reithalle stattfinden. Sobald das Pferd den Reiter akzeptiert hat, können Sie kleine Spazierritte unternehmen, die aber jedes Mal nur wenige Minuten dauern sollten. Nehmen Sie dazu am besten ein älteres Pferd als Begleitung mit.
Sie sollten jedoch nicht vor dem Frühjahr im dritten Lebensjahr des Pferdes mit dem regelrechten Reiten beginnen. Vorher hat das Reiten mehr die Funktion eines Gehorsamkeitstrainings.

Auf- und Absitzen

Das Pferd muss lernen stillzustehen, wenn der Reiter auf- und absitzt. Anfangs wird dem Reiter in den Sattel geholfen, während ein Helfer das

Pferd hält. Wenn der Reiter allein aufsitzt, stellt sich ein Helfer vor das Pferd, um es bei Bedarf zu halten, bis es verstanden hat, dass es stillstehen soll. Sie können auch ein Kommando dafür einüben wie beispielsweise *Steh still*.

Psychische Stimulanz

Wer mehrere Jungpferde unterschiedlichen Alters besitzt, hat sicher schon festgestellt, dass sie es als äußerst stimulierend empfinden, auf verschiedene Weise eingesetzt und ausgebildet zu werden. Sie »wachsen« mit dem Gefühl beachtet zu werden und eine Aufgabe zu haben. Befindet sich die Reitbahn oder der Trainingsplatz in der Nähe einer Weide, ist oft zu beobachten, wie die anderen Jungpferde beim Training zuschauen und es sehr interessiert verfolgen.

Wenn Jungpferde in einer Umgebung aufwachsen, in der Pferde eingeritten oder eingefahren werden, ist das sehr positiv für sie, genauso wie die Tatsache, dass sie hier ihre erste Erziehung erhalten. Es ist für sie eine ganz natürliche Folge eingeritten zu werden. Wenn man die Pferde dagegen zum Einreiten wegschickt, stellt das für sie eine Umstellung auf eine neue Umgebung, neues Futter und neue Anforderungen dar.

Zusammenhängende Ruhepausen

Auch wenn mit dem Pferd nur jeden zweiten Tag gearbeitet wird, benötigt es vielleicht nach einigen Monaten eine längere, zusammenhängende Ruhepause, damit sich das bisher Gelernte »setzen« kann. Der Dezember eignet sich hierfür ganz besonders gut.

Während sich das Pferd ausruht, sollten die Impfungen erfolgen und seine Zähne in Ordnung gebracht werden (siehe dazu Hinweis im Abschnitt »Tierärztlicher Rat« auf Seite 66). Jetzt ist es auch Zeit, das Pferd, falls nötig, zu beschlagen, denn im Spätwinter und in den Frühlingsmonaten wird es mehr denn je arbeiten. Wenn dann die Hufe nicht beschlagen sind, besteht ein erhöhtes Risiko, dass Stücke aus den Hufen brechen oder Risse im Horn entstehen.

Sobald das Jungpferd den Reiter akzeptiert hat, führen Sie es in Begleitung eines berittenen Pferdes umher.

Zahnwechsel. Während das Pferd heranwächst, müssen seine Zähne ein paarmal im Jahr vom Tierarzt untersucht werden. Am besten geschieht das in Verbindung mit den Schutzimpfungen. Zu bestimmten Zeiten sollte die Maulhöhle ganz besonders stark beobachtet werden. Das betrifft vor allem das Alter von zweieinhalb Jahren, wenn die Milchzähne beginnen herauszufallen und die Ersatzzähne nachwachsen. Dabei werden die Schneide- und vorderen Backenzähne ausgetauscht. Wenn das Pferd abmagert und insgesamt schlapp wirkt, kann das damit zusammenhängen, dass die Kronen der Milchzähne nicht abfallen, sondern auf den neuen Zähnen sitzen bleiben. Dadurch entstehen scharfe Kanten, die zu Wunden in der Maulhöhle führen. In den Nahrungsresten, die sich dort festsetzen, bilden sich Bakterien und diese beeinträchtigen die Verdauung.

Ein deutliches Zeichen, dass im Maul irgendetwas nicht stimmt, ist schlechter Atem. Zudem kaut das Pferd auf den Zähnen herum, die noch in der Krippe liegen (siehe Seite 87). Ferner hat das Pferd Angst um seinen Kopf und wirft ihn unruhig hin und her, wenn ihm Halfter oder Trense angelegt werden soll.

Tasten Sie vorsichtig mit der Hand die Maulhöhle ab. Wenn Sie scharfe Kanten spüren, bitten Sie den Tierarzt diese zu raspeln.

Ein anderes Zahnproblem ist der **Wolfszahn.** Dabei handelt es sich um einen zusätzlichen Zahn, der Probleme bereitet, wenn das Gebiss aufliegt. Er wird mit einem einfachen Eingriff entfernt.

Skelettentwicklung. Das ganze Leben hindurch findet beim Pferd ein ständiger Ab- und Aufbau des Knochengewebes statt, auch wenn er mit der Zeit nachlässt. Die Qualität des Skeletts hängt teils vom zugeführten Kalk und teils von der Belastung ab, der es ausgesetzt wird.

In der Zeit zwischen zweieinhalb und drei Jahren werden beim Pferd die meisten der verbliebenen Wachstumszonen durch Knochengewebe ersetzt.

Um den Calciumbedarf zu decken, muss das Mineralstofffutter Calcium und Phosphor im richtigen Verhältnis enthalten, mit mindestens doppelt so viel Calcium wie Phosphor, bis das Futter den gleichen Phosphorgehalt hat, wie 4 Kilogramm Hafer oder anderes Kraftfutter. Danach genügt reiner Futterkalk.

Der Bedarf an Proteinen und Energie ist ungefähr genauso hoch wie früher. Die großen Wachstumsschübe sind zwar vorüber, aber auf der anderen Seite braucht das Pferd »Treibstoff« für seine anstrengendere Ausbildung.

Kontrolle der Normalwerte. Neben der regelmäßigen Kontrolle des Pulses (siehe Seite 50) sollte man auch die Körpertemperatur und den Blutdruck überprüfen. Die Werte sind von großer Wichtigkeit, wenn die Ausbildung des Pferdes in Zukunft intensiviert werden soll und es an Wettkämpfen teilnimmt. Zeigt es beispielsweise einen plötzlichen Leistungsabfall, leidet es an Schlappheit oder besteht der Verdacht, dass es sich überanstrengt hat oder infiziert wurde, dann ist es von Vorteil, die neuen Werte mit den Normalwerten des gesunden Pferdes vergleichen zu können.

Temperatur. Die Körpertemperatur eines Pferdes liegt normalerweise zwischen 37 und 38 Grad. Sie ist aber von Pferd zu Pferd verschieden. Deshalb sollten Sie die individuelle Normaltemperatur Ihres Pferdes herausfinden, indem Sie einige Tage in Folge dem Pferd die Temperatur messen, wenn es gesund und gut in Form ist. Der Morgen eignet sich besonders gut dafür, da das Pferd noch ruht und sich noch nicht angestrengt hat oder gestresst ist.

Um die Körpertemperatur eines Pferdes zu messen, wird ein normales Fieberthermometer 3 Minuten lang in den Mastdarm gesteckt. Halten Sie es fest, damit es nicht im Darm ver-

schwindet. Sie können das Thermometer auch an einer langen Schnur befestigen und daran ziehen, wenn es zu weit hineingerutscht ist. Digitale Thermometer sollten bei Zimmertemperatur aufbewahrt werden, da sie sehr frostempfindlich sind.
Notieren Sie die Normalwerte, die sich nach vier- bis fünftägiger Kontrolle ergeben.
Erhöhte Körpertemperatur, also Fieber, gehört mit zu den wichtigsten Reaktionen des Körpers gegen Infektionen. Deshalb ist die Kontrolle ein sehr zuverlässiger Indikator für das Wohlbefinden des Pferdes. Die Temperatur sollte nicht nur gemessen werden, wenn der Verdacht auf Krankheit besteht, sondern auch vor allen anstrengenden Arbeiten und Wettkämpfen!

Blutproben. Es empfiehlt sich mindestens zweimal Blut im Abstand von zwei bis vier Wochen abzunehmen. Die Blutabnahme sollte in standardisierter Form erfolgen, also unter jeweils gleichen Bedingungen. Dabei sollte das Pferd so ruhig und entspannt wie möglich sein. Der beste Zeitpunkt ist früh morgens direkt nach dem Füttern.
Die üblichen Parameter bei der Blutprobe wie Hb-Werte, Anzahl und Verteilung der weißen Blutkörperchen, Hämatokrit-Werte (Volumenverhältnis zwischen Zellen und Plasma) sowie Muskel-Werte ergeben zusammen ein Bild vom Allgemeinzustand des Pferdes.
Ein niedriger Hb-Wert kann auf einem Mangel an Eisen und/oder Kupfer beruhen. Besteht der Verdacht, dass ein Mangel an Spurenelementen vorliegt, ist es ratsam, eine Blutprobenanalyse erstellen zu lassen, statt Mineralstoffe aufs Geratewohl zuzuführen.

Tabelle über die Werte der Pferde. Es ist sinnvoll, die Normalwerte von Puls und Körpertemperatur sowie die Ergebnisse der Blutproben auf einer Tafel im Stall oder an den Boxentüren zu notieren. Mit ihrer Hilfe ist es einfacher, eventuelle Abweichungen zu entdecken und die Tabelle erleichtert es dem Tierarzt, eine korrekte Diagnose zu stellen, wenn ein Pferd erkrankt ist.

Erhebung weiterer Messdaten. Vergessen Sie nicht das Wachstum des Pferdes zu verfolgen und messen Sie regelmäßig die Höhe über Widerrist und Kruppe sowie den Röhrbeinumfang. Die Wachstumsperiode macht sich dadurch bemerkbar, dass das Pferd zuerst überbaut wirkt, also höher an der Kruppe ist und sich steif bewegt. Danach passt sich die Widerristhöhe an und das Pferd besitzt ausgeglichenere Proportionen. Außerdem ist es wieder beweglicher in den Gliedern.
Gehen Sie die Arbeit während der Wachstumsperioden langsam an und gönnen Sie dem Pferd so viel Ruhe, wie es braucht.

Schutz für die Beine des Pferdes. Da sich das junge Pferd oft sehr ungelenk bewegt, läuft es Gefahr sich selbst zu treten. Deshalb ist es wichtig, die Röhrbeine und Sehnen mit Sehnenschonern oder Bandagen zu schützen. Wählen Sie Schoner mit einer guten Passform. An den Tagen, an denen mit dem Pferd gearbeitet wurde, sollten über Nacht Stallbandagen an den Beinen angelegt werden. Sie tragen zu einer besseren Durchblutung bei und verringern dadurch das Verletzungsrisiko.
Der Schutz mit der Stallbandage besteht aus einer wärmenden Unterlage und einer Wollbandage oder etwas Ähnlichem. Richtiges Bandagieren erfordert große Sorgfalt: Legen Sie die Unterlage an und wickeln Sie die Bandage stets in der gleichen Richtung darüber. Sie sollte fest sitzen, aber das Bein nicht einschnüren. Die Bandage wird von der Fessel ausgehend bis vorn zum Karpalgelenk und an den Hinterbeinen bis zum Sprunggelenk angelegt.
Der Schutz mit der Stallbandage ist eine sehr wichtige Präventivmaßnahme.

Das Reiten in Wald und Gelände schult das Koordinationsvermögen des Jungpferdes.

Der Frühling, in dem das Pferd drei Jahre alt wird

Das übergreifende Ziel, die Eignungsprüfung für Dreijährige, rückt näher und erfordert eine planmäßigere Reitausbildung. Dabei soll erreicht werden, dass das Pferd an der Hand und unter dem Reiter in natürlichen Bewegungen vorgeführt werden kann.

Ideal für die Vorbereitung sind möglichst ausgedehnte Ausritte im Gelände, denn hier muss das Pferd fleißig untertreten, wenn es vorwärtskommen will, den Kopf senken und mit Hals und Nacken das Gleichgewicht halten.

Allmählich werden Bodenarbeit und Freilaufen immer stärker durch das Reiten ersetzt. Auch ein Pferd, das sich besonders gut zum Fahren eignet, sollte eingeritten werden, damit ihm ein abwechslungsreicheres Training angeboten werden kann.

Fahren Sie fort, mit dem Pferd jeden zweiten Tag zu arbeiten und schicken Sie es die restlichen Tage auf die Weide. Dann wird der Stress, dem das Gewebe und die Muskeln möglicherweise ausgesetzt waren, in den Ruhepausen wieder abgebaut. Dadurch erzielen Sie bessere Ergebnisse und das Verletzungsrisiko verringert sich, so dass die Ausbildung des Pferdes ohne Ausfälle abläuft.

Das Pferd im Gleichgewicht reiten

Da es für das Jungpferd zunächst eine große Umstellung bedeutet, ein Gewicht auf dem Rücken zu spüren, trägt es anfangs das gesamte Gewicht des Reiters mit den Vorderbeinen. Ein untrainiertes Pferd mit schlecht ausgebildeten Muskeln verspannt bei dieser Belastung durch das Gewicht des Reiters oft die Rückenmuskulatur, es senkt dabei den Rücken und geht mit erhobenem Kopf. Müdigkeit und Schmerzen im Nacken, Hals und Rücken sind die Folge. Oft treten dann noch Probleme mit Schäden an den Vorderbeinen auf, wenn das Pferd das Gewicht des Reiters über lange Zeit hinweg auf die Vorderbeine verlagert.

Ein Dreijähriger, der sich schon als Fohlen viel bewegt hat, besitzt in der Regel eine gute Balance und hat viel weniger Probleme sie wiederzufinden, wenn ein Reiter auf ihm sitzt.

Das Reiten im Gelände, vorzugsweise mit Kletterpartien, erleichtert ihm das noch erheblich mehr.

Wichtig ist, dass der Reiter das Pferd dabei unterstützt, indem er in den Entlastungssitz geht und den Zügeldruck verringert. Schritt wird

Sicherheitsgriff: Reiten Sie mit langen Zügeln, aber halten Sie die Zügelenden wie eine Schlaufe in der linken Hand. Lassen Sie die Rechte genau darunter ruhen.

Mit einem einzigen Handgriff werden die Zügel schnell verkürzt. Ziehen Sie an der Schlaufe und lassen Sie die rechte Hand nach vorn zu einem nicht zu festen und nicht zu lockeren Griff gleiten.

Das Training im Gelände hilft dem Jungpferd schnell sein Gleichgewicht zu finden, auch mit einem Reiter auf dem Rücken.

grundsätzlich am langen Zügel geritten, damit das Pferd sein eigenes Gleichgewicht findet und nicht Unterstützung aus der Hand des Reiters sucht.
Um schnell die Zügel verkürzen zu können, sollten Sie den »Sicherheitsgriff« beherrschen (siehe die beiden oberen Bilder auf der vorherigen Seite).
Nehmen Sie ein älteres Pferd als Begleitung mit, so dass sich das Jungpferd sicher fühlt und losgelassen bewegt. Außerdem sollte ein Helfer solange zu Fuß mitkommen, bis das Pferd sich problemlos führen lässt und sofort auf Befehle gehorcht.
Wenn ein Pferd sein natürliches Gleichgewicht gefunden hat, trägt es den Reiter richtig, wölbt den Hals nach vorn und unten und sucht von sich aus die Anlehnung.

Schulung und Dressur

Beim nächsten Schritt muss das Pferd Gehorsamkeit lernen und zur Durchlässigkeit kommen, damit es durchgeritten und auf beiden Seiten gleich weich und geschmeidig ist.
Das wird im Wesentlichen im Gelände oder auf der Reitbahn beziehungsweise in der Reithalle geübt. Solange sich das Pferd nicht im Gleichgewicht befindet, sollte dabei allerdings ein Training auf allzu weichem und rutschigem Boden gemieden werden (siehe dazu Entzündung des Karpalgelenks im »Tierärztlichen Rat« auf Seite 72).

In kurzen Trainingseinheiten lernt das Pferd:
- treibenden und verwahrenden Zügelhilfen zu folgen
- vorwärts und seitwärts treibende Schenkelhilfen zu verstehen
- Gewichtshilfen zu folgen
- auf eine halbe Parade zu reagieren
- im Galopp zu laufen
- sauber auf dem Zirkel zu gehen

Damit der Rücken des Pferdes frei arbeiten kann, sollten Sie im Entlastungssitz reiten beziehungsweise leichttraben.

Bedeutung des Schritts

Beginnen und beenden Sie alle Reitübungen mindestens 10 Minuten lang mit Schritt am langen Zügel. Das Pferd sollte dabei lebhaft vorwärts gehen. Mit dem Schritt führt man zum einen ein Konditionstraining durch und zum anderen hat man die Möglichkeit das Pferd vor der Arbeit aufzuwärmen.
Durch einen energischen Schritt wird der ganze Körper elastisch und weich, so dass die Arbeit mit einem trainierten Pferd durchgeführt werden kann, ohne dass es sich dabei allzu sehr verausgaben müsste. Das Risiko von Zerrungen und Muskelrissen verringert sich, wenn der Blutkreislauf vor einer Anstrengung voll in Gang gekommen ist. Außerdem werden durch einen erhöhten Blutfluss die Muskeln ausreichend mit Sauerstoff versorgt und erhalten damit genügend »Brennstoff«, um sich bewegen zu können.
Die Arbeitsphase selbst sollte aus einer konzentrierten Übungseinheit bestehen und in der Mitte der Gesamtzeit liegen, die das Pferd trainiert wird. Diese Einheit dauert am Anfang etwa 10 Minuten und wird allmählich gesteigert.
Der Schritt nach der Arbeit wird »Schritt am hingegebenen Zügel« genannt. Dabei kann das Pferd noch ein paar Runden drehen und verschnaufen. Bringen Sie nie ein keuchendes Pferd in den Stall! Gehen Sie solange im Schritt, bis sich der Atem wieder normalisiert hat und das Pferd entspannt wirkt.
Sie können auch absitzen und das Pferd führen.

Widersetzlichkeit

Nach einigen Monaten Reiten zeigt das Pferd vielleicht kleine Trotzphasen und versucht, seine eigenen Wege zu gehen. Dann heißt es sehr bestimmt aufzutreten und ihm Grenzen zu setzen. Bei den meisten Pferden reicht eine mündliche Zurechtweisung. Kurze, harte Stimmhilfen wie *Nein* oder *Stopp* werden sofort verstanden und prägen sich dem Pferd ein.
Hat sich das Pferd widersätzlich benommen, muss jede Art von Bestrafung, ob nun mit der Stimme oder mit der Gerte, sofort erfolgen und nicht erst eine halbe Minute später.

Widersetzlichkeit oder Freudensprung? Manchmal kommt es bei Jungpferden vor, dass sie während ihrer Einreitphase einige Bocksprünge vollführen.

Entzündung des Karpalgelenks beim Jungpferd. Konsequente Aufbauarbeit führt zu einem starken Skelett beim Jungpferd, dagegen birgt zu forcierte Ausbildung oder chronische Überbelastung das Risiko von Verletzungen in sich. Das Karpalgelenk ist beispielsweise so eine Stelle, an der Schäden bei Überanstrengung auftreten.

Wird das junge Pferd ausschließlich auf sehr weichem Boden geritten, wie auf der Reitbahn und in der Reithalle, kann es zu einer Entzündung des Karpalgelenks kommen. Das Pferd bewegt sich nicht im Gleichgewicht und hat nicht genügend Halt auf dem weichen, glatten Boden. Es ist vergleichsweise so, als würden wir in lockerem Sand laufen. Das ist, wie jeder weiß, unerhört mühsam. Es entsteht ein Rutscheffekt mit einer Überdehnung des Karpalgelenks nach hinten. Dadurch wird eine vermehrte Produktion von Gelenkflüssigkeit angeregt. Die Entzündung, die entsteht, ist in der Regel doppelseitig und schwierig zu diagnostizieren, weil die Symptome etwas diffus sind.

Das Pferd bewegt sich plötzlich in kleinen Schritten und ist arbeitsunwillig. Es kann aufgrund der vermehrten Flüssigkeit im Gelenk möglicherweise etwas »schwammig« in der Mitte des vorderen Karpalgelenks sein. Ansonsten zeigt es keine ausgesprochene Lahmheit auf irgendeinem Bein.

Bis diese Entzündung vollständig abgeklungen ist, vergehen sechs bis zwölf Monate.

Zu den vorbeugenden Maßnahmen gehört, das junge Pferd auf verschiedenartigen Böden zu bewegen. In der Natur bieten sich dafür die besten Möglichkeiten. Bei einem 20-minütigen Spaziergang geht das Pferd dann sowohl auf einem Kiesweg und auf Asphalt als auch auf Gras und auf einem Waldweg. Das alles geschieht in verschiedenem Tempo. So ein Ritt auf unterschiedlichen Böden trägt wesentlich mehr zur Entwicklung und Stärkung der Muskulatur bei als ein Training auf der Reitbahn. Besonders viel Aufmerksamkeit sollte den Pferden geschenkt werden, deren Karpalgelenke groß und »offen« aussehen, da sie noch wachsen und besonders empfindlich sind.

Die wichtigen Sehnen. Zu heftig gesteigerte Arbeitseinsätze finden ihren Niederschlag in einer so genannten »Warnung der Sehne«, das heißt, einer akuten Überdehnung oder eines Ermüdungsschadens an der oberflächlichen und tiefen Beugesehne oder am Unterstützungsband der tiefen Beugesehne. Kontrollieren Sie die Beine des Pferdes vor jeder Anstrengung, damit Sie etwaige Veränderungen sofort feststellen können.

Fahren Sie mit den Fingerspitzen auf der Rückseite des Röhrbeins entlang; in einem frühen Stadium fühlt sich das Pferd auf der Rückseite unter dem Karpalgelenk etwas warm an. Wenn Sie nichts dagegen unternehmen, sondern mit dem Pferd normal weiterarbeiten, tritt bald eine sehr deutliche Reaktion in Form von Schmerz und Wärme auf.

Bei akuten Schmerzen kühlen Sie das Gelenk mit einer Eisbandage und das Pferd muss ruhen. (Im Auslauf ohne Training.) Nach dem Kühlen wird ein Zinkleimverband angelegt. Dieser ist in der Apotheke erhältlich. Er sollte nach vier bis fünf Tagen gewechselt werden. In dieser Zeit ist die Schwellung in der Regel abgeklungen. Setzen Sie sich mit dem Tierarzt in Verbindung, wenn Verdacht auf eine Sehnenverletzung besteht.

Je eher so eine Verletzung entdeckt wird, desto früher kann sie geheilt werden. Bei einem richtigen Sehnenschaden dauert die vollständige Heilung bis zu zwölf Monate, mildere Formen sind in etwa sechs bis acht Wochen abgeheilt.

Oft wird auch während der Rekonvaleszenz etwas Training empfohlen und behauptet, dass Sehnenschäden am besten unter einer bestimmten Belastung heilen würden. Das wird erreicht, wenn das Pferd auf festem Boden geht. Eine Steigerung der Aktivitäten sollten Sie vorher mit dem Tierarzt absprechen.

Beobachten Sie doch einmal, wie die Pferde miteinander umgehen: Wenn ein Pferd etwas tut, was einem anderen missfällt, wird es auf der Stelle von ihm zurechtgewiesen. Und anschließend ist alles wieder in Ordnung! Es ist wichtig, dass die Strafe im richtigen Augenblick erfolgt und dass man sich danach nicht nachtragend, hart oder ungerecht verhält. Das Pferd muss klare Signale erhalten und lernen, was richtig und was falsch ist. Durch einen kurzen Peitschenhieb oder eine andere Zurechtweisung erkennt es, dass es sich widersätzlich verhalten hat. Begreift das Pferd nicht, was von ihm verlangt wird, dann müssen Sie eben schnalzen oder Kommandos mit der Stimme geben beziehungsweise versuchen, sich auf andere Weise dem Pferd verständlich zu machen. Nach Meinung der englischen Verhaltensforscherin Dr. Marthe Kiley-Worthington können Pferde etwa 300 verschiedene Wörter unterscheiden. Wörter sollten nicht nur zur Bestrafung eingesetzt werden, sondern auch auf konstruktive Weise: Lassen Sie beispielsweise beim Longieren oder bei der Bodenarbeit das Pferd die Schrittlänge im Trab mit dem Kommando *schneller* erhöhen und wenden Sie dieses Kommando dann später vom Pferderücken aus an, wenn Sie reiten und genau diese Bewegung einüben möchten.

Risiken beim Ausreiten

Auch wenn das Reiten im Gelände und normale Ausritte ausgezeichnete Möglichkeiten sind, ein Pferd weiter auszubilden, so bestehen doch gewisse Risiken. Reiten Sie niemals mit einem Jungpferd allein aus! Es ist ausgesprochen gefährlich, sich mit einem Pferd, das noch nicht in vollem Umfang auf Hilfen reagiert, auf Wege und ein Gelände hinauszubegeben. Wie bereits erwähnt ist es am besten, wenn weiterhin ein anderes Pferd als Führpferd agiert und ein Helfer solange zu Fuß mitkommt, bis das Pferd vollständig gehorcht.

Ein Jungpferd ist immer noch etwas unsicher und auf der Hut vor allem Neuen. Deshalb scheut es oft vor unerwarteten Geräuschen, flatternden Plastikriemen oder einer plötzlich auftauchenden Kreatur, die ihm entgegenkommt. Ein Tipp: Legen Sie dem Pferd einen Steigbügelriemen oder Führstrick um den Hals, um sich daran festzuhalten, wenn es bockt oder Freudensprünge vollführt. So ist es einfacher auf dem Pferd zu verbleiben und es besteht nicht die Gefahr, ihm heftig im Maul zu ziehen.

Versuchen Sie dem Pferd stets einen Schritt voraus zu sein. Achten Sie deshalb genau auf die Umgebung und entdecken Sie »Gefahren« vor beziehungsweise gleichzeitig mit dem Pferd. So können beispielsweise Straßenschilder, die für uns völlig harmlos wirken, mit einem leicht scheppernden Geräusch vibrieren und das Pferd veranlassen, aus purem Schreck in die Fahrbahn zu laufen.

Mentales Training

Nun ist es höchste Zeit, das Pferd an neue Umgebungen zu gewöhnen, vorausgesetzt Sie haben nicht schon früher verschiedene Reithallen besucht, um Freispringen und Ähnliches zu üben. Nehmen Sie das Jungpferd als Begleitung für ein anderes Pferd mit, das in der Reithalle trainiert werden soll. Führen Sie es umher und lassen Sie es mit der Umgebung vertraut werden. Zeigen Sie ihm Spiegel und andere unbekannte Dinge. Sonst könnte bei der Eignungsprüfung oder sonstigen Veranstaltungen allein schon die veränderte Umgebung für das Pferd ein so belastender Faktor werden, dass es sich nicht gerade von seiner besten Seite zeigt.

Verladen üben

Üben Sie das Verladen mit Pferden, die als Fohlen nicht verladen wurden oder schwierig zu transportieren sind. Nehmen Sie sich Zeit dafür. Das ist eine reine Trainingssache.

Damit das Pferd Vertrauen zum Transporter bekommt, sollten Sie am besten einen Anhänger verwenden, bei dem vorn ausgeladen wird. Mieten oder leihen Sie sich notfalls so ein Modell! Öffnen Sie die vordere Klappe, so dass das Pferd ein paar Mal ganz durchgeführt werden kann.

Bleiben Sie dann einige Minuten im Anhänger stehen und belohnen Sie das Pferd mit Leckerbissen. Dann gehen Sie mit ihm wieder hinaus.
Wenn sich das Pferd sehr widerspenstig zeigt, führen Sie ein mit dem Verladen vertrautes Pferd vor ihm durch den Anhänger. Die erste Übung besteht also darin, dass das Pferd hineingeführt wird, im Transporter kurz still steht und dann rückwärts wieder hinausgehen muss.
Beim nächsten Mal gehen Sie mit dem Pferd einmal ganz durch den Transporter. Danach wird das Pferd wieder hineingeführt und die Laderampen werden geschlossen. Ein Helfer hält es, spricht mit ihm und beruhigt es. Zum Schluss erhält das Tier eine Belohnung. Eventuell fahren Sie eine kleine Runde mit ihm und dann wird das Pferd wieder ganz ruhig ausgeladen.
Wer sich die Zeit nimmt und das Pferd daran gewöhnt, vertrauensvoll in den Transporter zu steigen und nach vorn zu gehen, hat in dieser Hinsicht viel für die Zukunft getan.
Sollten in der kommenden Zeit Probleme entstehen, wiederholen Sie einfach diese Übung.

Vorbereitung auf die Schau

Es gehört zur Grundausbildung des Jungpferdes, auf korrekte Weise an der Hand vorgestellt zu werden. Auch wenn Sie Ihr Pferd nicht bewerten lassen wollen, sollten Sie das mit ihm üben. Bei einer Untersuchung durch den Tierarzt oder beim Verkauf gehört das einfach dazu. Ein damit vertrautes Pferd hinterlässt einen wesentlich besseren Eindruck als eines, das nicht Bescheid weiß.
Auch der Pferdebesitzer sollte wissen, wie ein Pferd korrekt an der Hand vorgestellt wird, denn hier handelt sich um ein Kulturerbe, das bewahrt werden muss. In der ganzen Welt beurteilt man die Pferdebesitzer danach, wie das Pferd auf die Schau vorbereitet und herausgebracht wird.
In der Bildserie auf den Seiten 77–80 können Sie mitverfolgen, wie sich eine dreijährige Stute von einem verschmutzten, verschlafenen Wesen mit Stroh im Schweif zu einer eleganten, jungen

Ein korrekt an der Hand vorgestelltes Pferd, bei dem der Betrachter die offene Seite sieht.

Ein Profi-Vorführer im Gleichschritt mit dem Pferd.

»Dame« entwickelt. Diese Verwandlung nimmt nur eine Stunde in Anspruch, vorausgesetzt, Sie haben einige Dinge vorbereitet.

Wenn allerdings in Bezug auf Ernährung und Hufe des Pferdes bestimmte Maßnahmen ergriffen werden müssen, dauert das schon längere Zeit. Kontrollieren Sie also bereits einige Monate vor der geplanten Schau diese Dinge.

Tasten Sie immer wieder die Rippen des Pferdes ab. In vier Wochen schafft es ein zu dünnes Pferd, sich etwas Fleisch auf die Rippen zu fressen oder abzunehmen, wenn es zu fett ist.

Wenn das Pferd regelmäßig geklettert ist, müsste es eine gut entwickelte Muskulatur am Rücken und an der Hinterhand besitzen und damit einen sehr positiven Eindruck hinterlassen. Durch das Klettern werden auch der Hals und die Oberlinie gestärkt und verbessert.

Muss das Pferd noch beschlagen werden, sollten Sie das rechtzeitig tun. Wenn es nämlich erst am Abend vor der Prüfung geschieht, besteht das Risiko, mit einem Pferd anzutreten, das an den Füßen besonders empfindlich ist.

Das Vorstellen trainieren

Üben Sie das Vorstellen an der Hand mit dem Pferd sowie das Stillstehen, damit es in Ruhe betrachtet werden kann. Für das Ganze benötigen Sie einige kurze, intensive Trainingseinheiten. Dabei ist wichtig, nicht ständig an dem Pferd »herumzunörgeln«, sonst macht es eventuell dann Schwierigkeiten, wenn es wirklich darauf ankommt.

Ein korrekt herausgebrachtes Pferd präsentiert den Richtern seine mähnenfreie Seite. Wenn sie geflochten ist, spielt es keine Rolle, welche Seite es ist. Es zeigt eine »offene Seite«, das heißt, Vorder- und Hinterbeine der gleichen Seite bilden den äußeren Rahmen des Körpers. Die anderen Beine sind dazwischen zu sehen. Ein korrekt herausgebrachtes Pferd ist auf der vorherigen Seite abgebildet.

Um das Pferd richtig vorführen zu können, lassen Sie es lebhaft im Schritt vorwärts gehen. Beginnen Sie es anzuhalten, wenn das rechte Vorderbein auf dem Weg nach vorn ist. Dann kann

das Pferd mitten im Schritt stoppen, setzt automatisch richtig auf und muss nicht korrigiert werden.
Wenn das Pferd richtig steht, stellt sich der Vorführer davor. Loben Sie das Pferd und geben Sie ihm Leckerbissen zur Belohnung. So erwartet es automatisch etwas zu fressen, wenn es vorgestellt dasteht und reckt sich, so dass eine schön geformte Halslinie entsteht.
Oft spitzt es auch noch die Ohren. Das gibt dem Ganzen den letzten Pfiff.
Entscheidend ist vor allem, dass sich das Pferd in guter Form befindet und genau weiß, worum es geht, wenn ihm befohlen wird im Schritt zu gehen, zu wenden und zu traben. Durch das Üben mit einem Peitschenführer, der am besten mit einer Dressurgerte ausgestattet ist, an deren Ende eine Plastiktüte raschelt, kann dem Pferd verständlich gemacht werden, wann es gilt sich »bereitzuhalten«. Steuern Sie ein bestimmtes Ziel an, damit sich das Pferd auf einer geraden Linie bewegt.
Überlassen Sie die offizielle Präsentation einem erfahrenen Profi-Vorführer. Pferdebesitzer sind oft zu nervös, um das Pferd richtig vorstellen zu können. Auch der geübte Vorführer profitiert davon, wenn das Pferd trainiert ist und weiß, worum es geht.
Bestimmte Pferde sind richtige »Schautypen« und lieben es, sich zu zeigen. Sie werden von Mal zu Mal besser, wenn sie in den Ring kommen. Andere sind dagegen eher etwas scheu.

Pflegehinweise

Verziehen Sie die Mähne so, dass sie problemlos zu kleinen, gleich großen Zöpfen geflochten werden kann. Möchten Sie den Schweif oben flechten, sollten Sie ihn dort nicht schneiden.
Einige Tage vor der Schau waschen Sie das Pferd und legen ihm eine Decke auf, damit es sich nicht mehr beschmutzt. Wenn Sie das Pferd erst am Tag vorher waschen, besteht das Risiko, dass

Das Pferd kommt früh morgens direkt aus der Box: Stroh im Schweif, Mistflecken auf der Seite – kein besonders schönes Tier. Verfolgen Sie anhand der Bildserie, wie diese dreijährige Stute in eine Schönheit verwandelt wird!

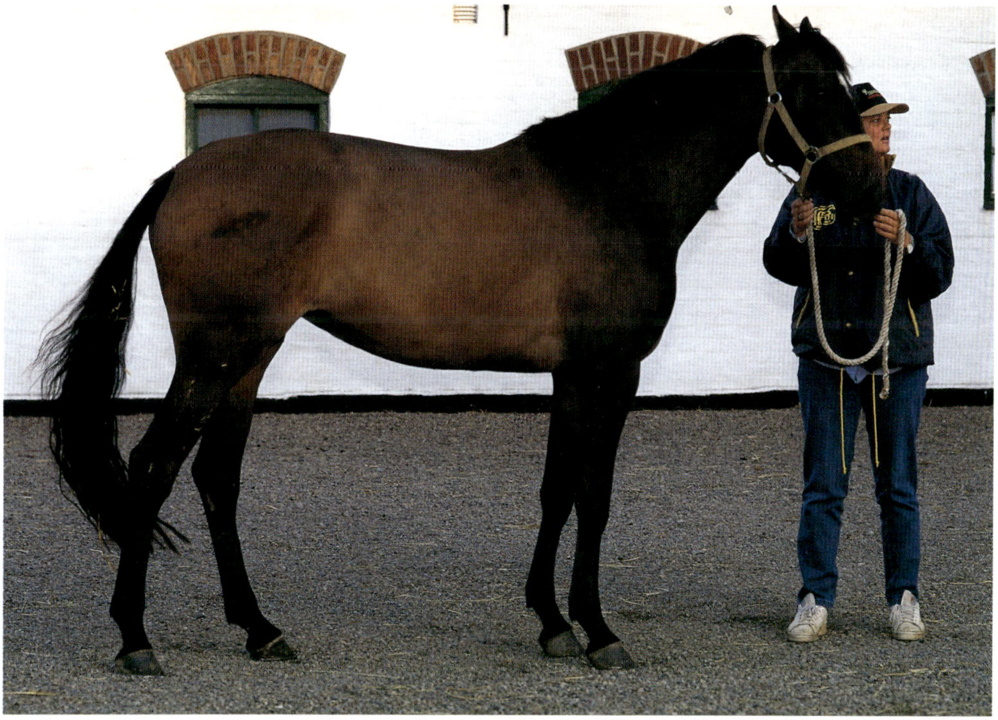

Schneiden Sie den Schweif an der Schweifrübe in Form und schneiden Sie ihn unten gerade ab.

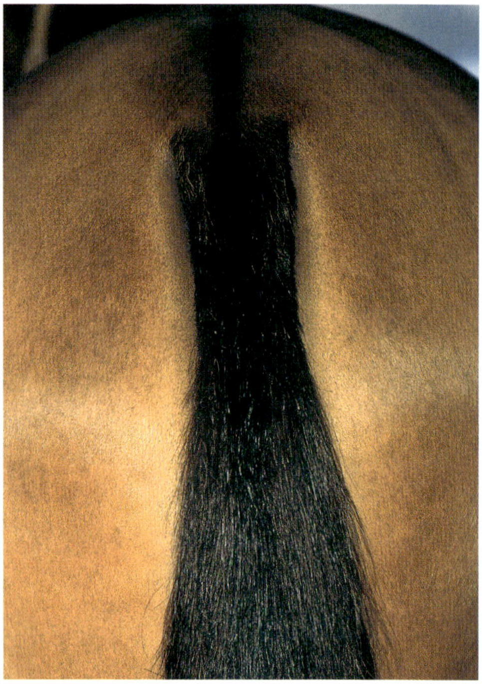

So soll es aussehen!

Die Mähne wird durchgekämmt, befeuchtet und geflochten.

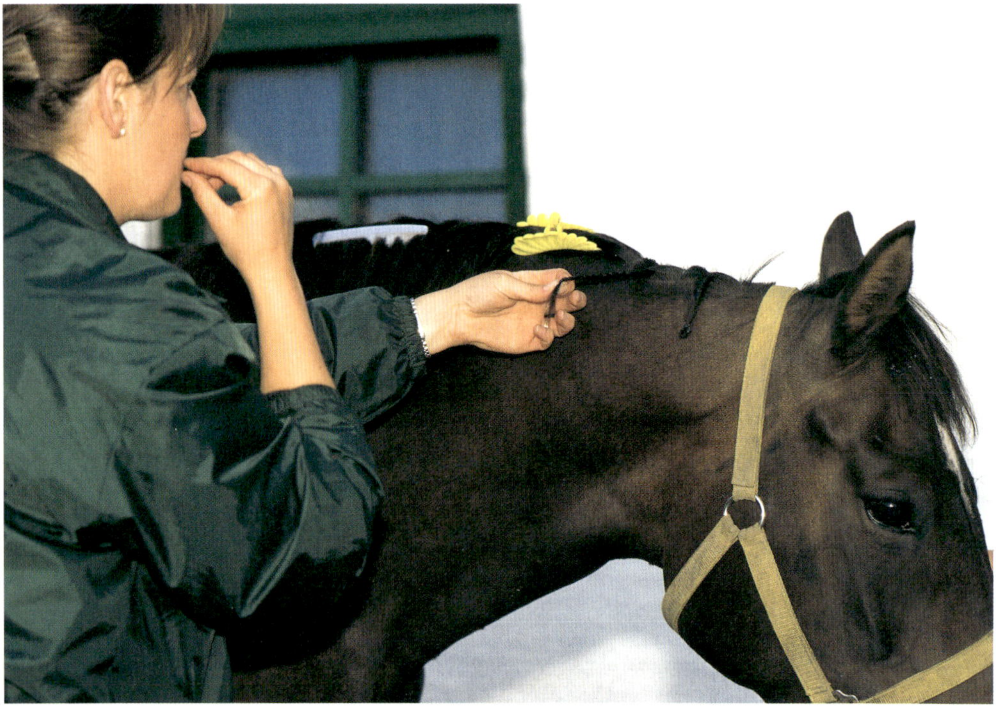

die Mähne buschig wird und schwer zu flechten ist. Lassen Sie das Pferd ruhig über Nacht mit dem am oberen Teil einbandagierten Schweif stehen, dann legen sich die Haare schön glatt an. Ziehen Sie die elastische Bandage um die Schweifrübe jedoch nicht zu stark an, sonst könnte sich das Blut stauen.

Beschneiden Sie den Kötenbehang mit der Schere und entfernen Sie lange Haarsträhnen unter dem Kinn sowie alles, was von den Ohren absteht. Der Haarflausch im Ohr darf nicht weggeschnitten werden, da er vor Ohrenkrankheiten schützt. Säubern Sie nur die Außenkanten.

Auch die langen Tasthaare rund um das Maul dürfen nicht gestutzt werden.

Mähne einflechten

Dazu benötigen Sie Haarclips, eine Mähnenbürste, einen feuchten Schwamm, Gummiringe, eine Schere, eventuell Haargel und etwas, worauf Sie stehen können.

1. Befeuchten Sie die Mähne und stecken Sie mit den Haarclips gerade nicht benötigtes Haar fest.

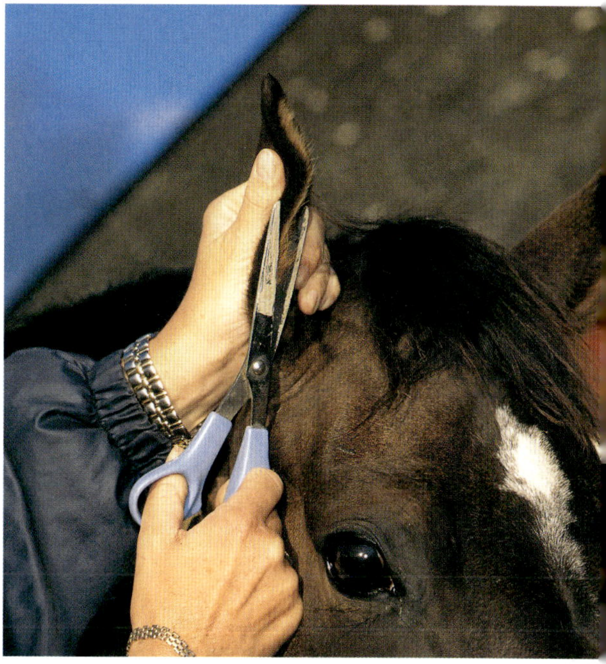

Schneiden Sie lange, abstehende Haarsträhnen an den Ohren ab. Falten Sie die Ohren zur Hälfte und schneiden Sie der Kante entlang. Entfernen Sie jedoch nichts aus dem Ohr.

Rollen Sie die Zöpfe zu Kügelchen zusammen und fixieren Sie diese mit Gummiringen.

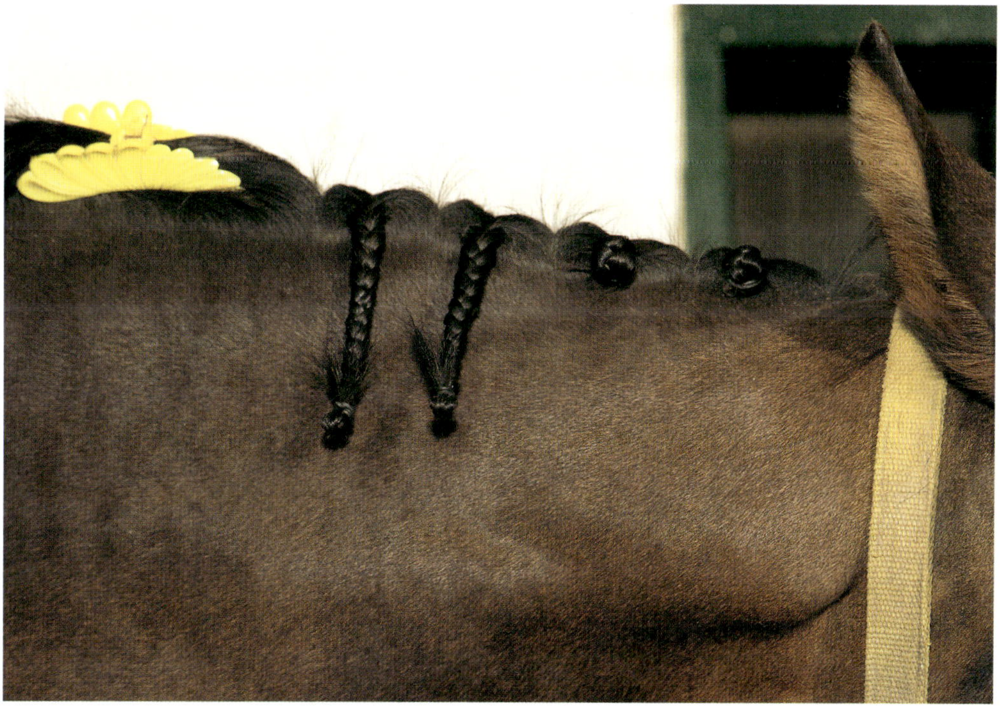

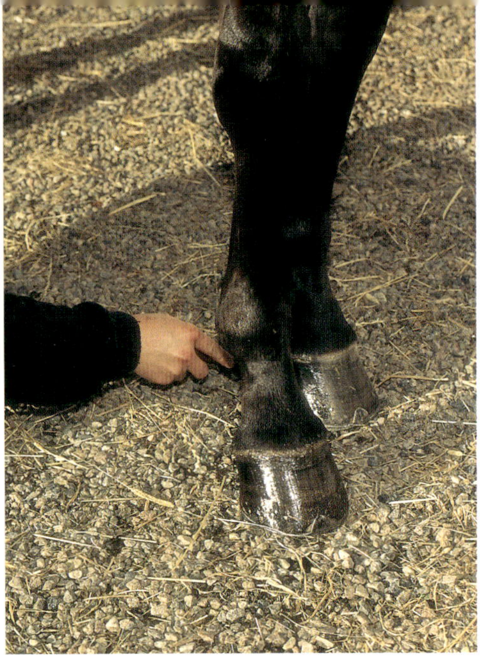

Pinseln Sie die Hufe mit Huföl ein, damit sie glänzen.

2. Beginnen Sie genau hinter den Ohren mit dem Flechten. Halten Sie den Zopf an den Hals, damit er nicht gerade absteht.

3. Versuchen Sie die Mähnenhaare gleichmäßig auf die Zöpfe zu verteilen und verfahren Sie auf diese Weise, bis die gesamte Mähne geflochten ist. Unten werden die Zöpfe mit einem Gummiband festgehalten.

4. Rollen Sie dann die Zöpfe kugelförmig ein und fixieren Sie das Ganze mit einem weiteren Gummiband.

5. Übrig gebliebene, abstehende Haarsträhnen werden entweder abgeschnitten oder mit etwas Haargel angedrückt.

6. Es ist Geschmacksache, ob der Stirnschopf auch geflochten werden soll. Bei Pferden mit schwachem Haarwuchs am Stirnschopf wird der Zopf so klein, dass es besser aussieht, wenn der Stirnschopf frei bleibt. Probieren Sie einfach verschiedene Möglichkeiten aus und entscheiden Sie, wann das Pferd am hübschesten aussieht!

Verwenden Sie eine saubere, schöne Trense bei der Vorstellung, am besten ein Englisches Reithalfter. Damit kommt der Kopf des Pferdes sehr gut zur Geltung.

Jetzt ist die Stute bereit für die Vorstellung.

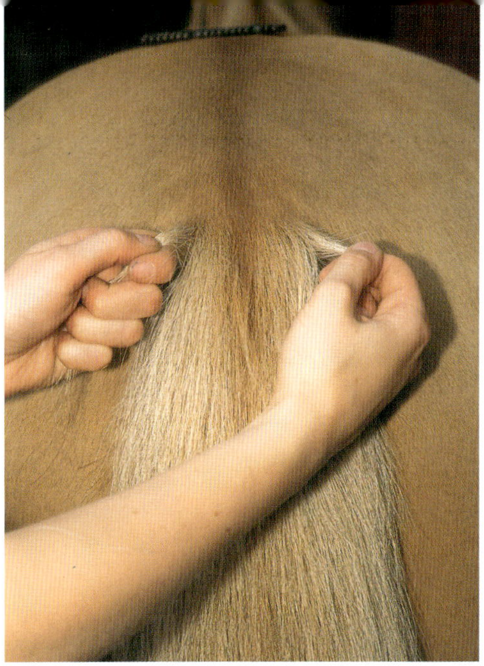

So wird ein Schweif elegant eingeflochten: Beginnen Sie so hoch oben an der Schweifrübe wie möglich. Nehmen Sie die Haare zum Flechten von den Seiten sowie von der Mitte auf.

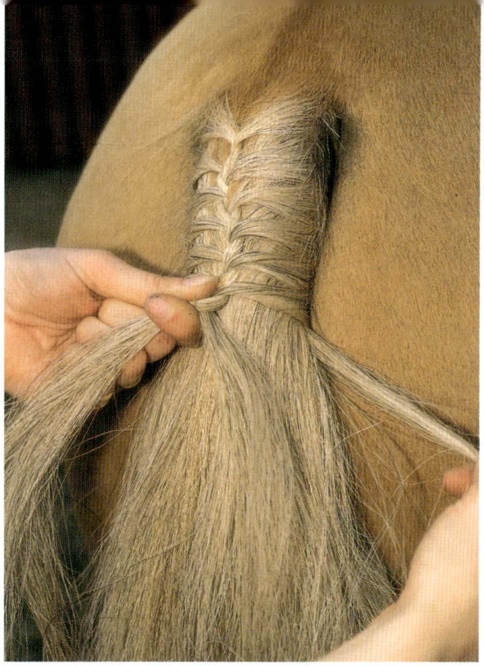

Flechten Sie nach unten und ziehen Sie nach jeder Reihe fest an, damit der Zopf schön gleichmäßig wird. Dann nehmen Sie wieder neue Haare von den Seiten auf.

Herausgeputzter Schweif

Ein gepflegter Schweif trägt sehr viel zu einem guten Gesamteindruck bei. Wenn das Pferd genügend Haare für einen eingeflochtenen Schweif besitzt, sieht das elegant aus.

Flechten Sie den Schweif auf folgende Weise:

1. Nehmen Sie rechts und links von der Schweifrübe sowie von der Mitte ein Büschel Haare auf. Beginnen Sie so hoch oben wie möglich.
2. Flechten Sie nach unten und nehmen Sie neue Haare auf, wenn eine Flechtreihe fertig ist. Nehmen Sie das Haar von ganz außen.
3. Es ist wichtig, dass Sie nach jeder Flechtreihe fest anziehen, damit sie nicht aufgeht oder ungleichmäßig beziehungsweise bucklig wird. Achten Sie darauf, dass alle Büschel ungefähr gleich dick sind, damit der Zopf am Ende schön gleichmäßig aussieht.
4. Flechten Sie den Schweif 20 bis 30 Zentimeter ein und setzen Sie anschließend mit einem normalen Zopf nach unten hin fort. Sie können aber auch das Ende mit einem Gummiband fixieren und den restlichen Schweif frei hängen lassen.

Wenn Sie den Schweif nicht einflechten, beschneiden Sie ihn auf beiden Seiten der Schweif-

Ein fertig eingeflochtener Schweif.

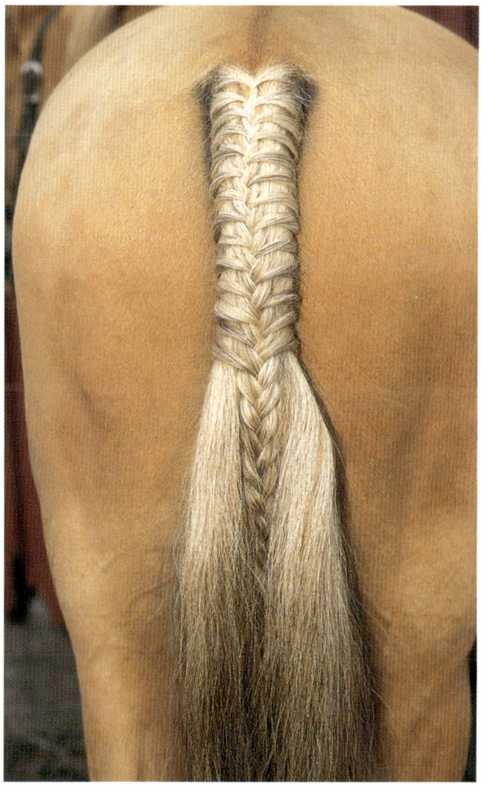

Internationale Welsh-Pony-Schau. Die teilnehmenden Pferde sind wundervoll geputzt und zurechtgemacht.

rübe etwa 10 Zentimeter nach unten, so dass eine elegante, obere Linie entsteht, wenn das Pferd den Schweif hebt. Schneiden Sie den Schweif unten gerade.

Sonstiges

Kurz vor dem Vorstellen des Pferdes werden die Hufe mit Huföl eingestrichen. (Sie können jedes Öl verwenden, Speiseöl ist am besten.) Wischen Sie außerdem mit einem Lappen den Staub vom Fell und säubern Sie das Pferd rund um die Augen und in den Nüstern mit einem Schwamm. Nun sollte es strahlend schön vor Ihnen stehen.

Die Schau

Die Vorbereitung für Pferde und Ponys, die auf einer Schau vorgestellt werden, ist die Gleiche. Möchten Sie ein Übriges tun, heben Sie den Ausdruck der Augen und der Nase noch stärker hervor, indem Sie Vaseline ringsherum streichen und weiße Abzeichen mit Kreide noch stärker akzentuieren. Eine Schau ist heutzutage eben ein Schönheitswettbewerb ...

Allgemeine Tipps

Erleichtern Sie dem Jungpferd so viele Dinge wie möglich, wenn es die ersten Male an öffentlichen Veranstaltungen teilnimmt. Achten Sie dabei darauf, dass:

- Sie die Morgenfütterung besonders früh ansetzen, damit das Pferd vor der Abreise in Ruhe fressen und verdauen kann.
- es zu Hause Wasser säuft und im Laufe des Tages kleine Portionen bekommt, wenn lange Pausen zwischen den Vorstellungen liegen.
- Sie etwas Heu mitnehmen und es dem Pferd in einer langen Pause geben. Eine Stunde vor der Vorstellung sollte das Pferd nichts mehr zu fressen bekommen.
- Sie dem Pferd kein Heu während des Transports geben. In dem geschlossenen Anhänger kann Heustaub schwere allergische Reaktionen auslösen, sogar akute Atemnot. Die Heuhalme können auch leicht eine Kehlkopfverstopfung verursachen, wenn das Pferd während der Fahrt frisst.
- Sie das Pferd nach der Ankunft umherführen, so dass es die Möglichkeit bekommt, sich umzusehen und an die Umgebung zu gewöhnen.

Tierärztlicher Rat

Decken einer Dreijährigen? Kann eine dreijährige Stute gedeckt und trotzdem geritten werden? Das ist eine häufig gestellte Frage, wenn Stuten für die Zucht vorgesehen sind. Wir stellen hohe Anforderungen an ihre Anlagen und möchten diese auch gerne testen, am liebsten bei Leistungsprüfungen in schweren Klassen, so dass sich nur die besten Stuten vermehren. Deshalb zögern manche Pferdebesitzer, dreijährige Stuten decken zu lassen. Sie wollen lieber mit ihnen arbeiten und sie das ganze Jahr als Vierjährige reiten.

Aber auch wenn eine vierjährige Stute fohlt, heißt das noch lange nicht, dass die Chancen für eine fortgesetzte Grundausbildung oder die Teilnahme an Qualitätsbeurteilungen damit vertan sind. Wenn sie während ihres Heranwachsens kontinuierlich in Bewegung gehalten worden ist, besitzt sie eine so gute Grundkondition und befindet sich in einer so guten Allgemeinverfassung, dass sie nicht besonders hart trainiert werden muss.

Der Test für Dreijährige wird auch deshalb so früh abgehalten, damit die für die Zucht besonders interessanten Stuten bei den Bewertungen ausgewählt werden können.

Bei einer trächtigen Stute ist vor allem darauf zu achten, dass sie im letzten Monat vor dem Abfohlen und im ersten Monat danach nicht arbeiten sollte. Eine Stute mit einer guten Kondition baut diese nicht nennenswert während der Ruhepause ab und es wird ihr keine allzu großen Schwierigkeiten bereiten, schnell wieder ihr altes Leistungsniveau zu erreichen. Es ist jedoch sehr wichtig, sie mit ausreichend Nahrung zu versorgen, wenn sie das Fohlen mit Milch versorgt und zusätzlich noch geritten wird. Mit einer richtigen Grundkondition braucht die Stute kein allzu hartes Training und muss nicht lange geritten werden. Etwa 30 Minuten pro Tag reichen und das kann auch bestens eingerichtet werden, wenn sie ein Fohlen hat.

Der Vorteil, eine vierjährige Stute fohlen zu lassen, liegt darin, dass sie dann eine Anzahl von Jahren an Wettkämpfen teilnehmen kann. Ist sie von Erfolg gekrönt, besitzt man bereits einen Abkömmling. Außerdem hat es die Stute nach einer abgeschlossenen Wettkampfkarriere leichter in die Zuchtbox zurückzukehren. Manchmal haben Turnierstuten, die noch nie gefohlt haben, große Schwierigkeiten rossig und trächtig zu werden. Die Muskeln entwickeln sich auf Kosten der Geschlechtsorgane und es kann viele Monate dauern, bis eine ältere Turnierstute in regelmäßige Rossezyklen kommt.

Das Risiko, dass das bei einer Stute passiert, die bereits einmal gefohlt hat, ist deutlich geringer.

Rosse und Decken. Hat man sich entschieden, seine Stute decken zu lassen, empfiehlt es sich die Zeiten der Rosse festzuhalten, sobald sie im Frühjahr beginnt.

Die Stute sollte das Winterfell abgelegt haben, gut im Futter sein und ein schönes, glattes Fell besitzen, kurz gesagt, das Pferd soll einen gesunden Eindruck vermitteln, wenn es gedeckt wird.

In der Zeit, während sie gedeckt oder besamt wird, sollte sie ganz entspannt sein und nur im Schritt bewegt werden. Das Gleiche gilt auch für die Wochen danach, denn dann ist das Risiko einer Resorption (Zurückbildung der Leibesfrucht) am größten.

Das befruchtete Ei bewegt sich anfänglich frei in der Gebärmutter und erst nach etwa sechs Wochen sitzt es so fest, dass ihm Stress nichts anhaben kann.

Grundkonditionierung zwischen dem 3. und 4. Lebensjahr

»Pferde lernen eher von anderen Pferden als von Menschen. Deshalb springen wir unsere Pferde stets zusammen mit anderen, erfahrenen Pferden im Gelände ein. Es gibt Naturtalente, die sich das Springen selbst beibringen. Aber es wäre sehr töricht, das dem Zufall zu überlassen«.

William Fox-Pitt
Erfolgreiches Mitglied der britischen Nationalmannschaft der Vielseitigkeitsreiter

Ruhepause auf der Weide

Der neue Abschnitt wird mit einem Weidegang für den Dreijährigen eingeleitet, der die Eignungsprüfung hoffentlich erfolgreich bestanden hat. Somit erhält er die Möglichkeit, alle neuen Erlebnisse und Erfahrungen zu verdauen. Lassen Sie das Pferd etwa zwei Monate auf der Weide und nehmen Sie ihm vorher die Eisen ab.

Planen Sie das ganze Jahr hindurch jede zweite oder dritte Woche eine Ruhepause ein. Das ist besser als ein einziger, ununterbrochener Zeitraum. Die Grundkondition des Pferdes wird dadurch nicht abgebaut und es erhält die nötige physische und psychische Entspannung. Vor dem Frühjahr, in dem das Pferd vier Jahre alt wird, sollten zwei weitere Trainingspausen eingelegt werden.

Vielseitige Ausbildung

In der Zeit zwischen dem dritten und vierten Lebensjahr entwickelt sich das Jungpferd immer stärker zu einem erwachsenen Pferd und einem arbeitenden Individuum. Ziel ist es, mit dem Vierjährigen im Frühjahr täglich eine Stunde in abwechslungsreicher Form zu arbeiten, im Sommer an Turnieren für Jungpferde und im kommenden Herbst an der Qualitätsbeurteilung teilzunehmen.

Oft wird die wichtige Rolle, die eine gute Allgemeinkondition bei Pferden spielt, verkannt. So legt jemand, der unbedingt an Dressurturnieren teilnehmen möchte, nur Wert darauf, dass das Pferd bedingungslos auf Hilfen gehorcht und legt vorrangig Wert auf die Rittigkeit. Ein Springreiter dagegen trainiert vielleicht größtenteils nur exaktes Taxieren, Gymnastikspringen oder verschiedene Hindernistypen. Man vergisst manchmal, dass der Unterschied zwischen Sieg und Mittelmaß oft nur darin besteht, dass einem Pferd mit mittelmäßiger Leistung zur Erfüllung seiner Aufgabe einfach die Kondition gefehlt hat. Egal, ob diese nun darin bestanden hat, das gesamte Dressurprogramm in federnden Grundgangarten zu präsentieren oder die verschiedenen Aufgaben bei einer Vielseitigkeitsprüfung zu schaffen.

Unabhängig davon, welche spezielle Richtung Sie mit dem erwachsenen Pferd auch immer einschlagen wollen, alle Pferde brauchen eine physiologische Grundlage, um Widerstandskraft zu entwickeln und maximal ausbaufähig zu werden. Dazu sind ein Allroundtraining und abwechslungsreiche Arbeit nötig. Im Herbst wird diese durch eine vielseitige Ausbildung eingeleitet: Dressurreiten, Ausritte mit leichten Kletterpartien sowie Springen über Naturhindernisse und leichte Hindernisse in der Reitbahn.

Das intensivere Trainingsprogramm stellt neue Anforderungen an die Pflege des Pferdes, den Aufbau des Trainings und die Fütterung.

Pflege

Pferdeschur

Ein geschorenes Pferd trocknet schnell und ist leicht in Kondition zu bringen. Ende September oder Anfang Oktober ist der beste Zeitpunkt, um das Pferd zu scheren. Für Dreijährige, die so viel wie möglich draußen sein sollten, empfiehlt sich eine Strichschur. Dabei werden die Unterseite des Halses, die Schultern, der Bauch und die Flanken geschoren. Das Pferd trocknet dadurch schnell nach der Arbeit und benötigt draußen keine Decke.

Wenn Sie sich für eine andere Form der Schur entscheiden, bei der größere Teile geschoren werden sollen, muss das Pferd draußen eine Decke tragen. Bei der Wahl der Decke sollten Sie sehr wählerisch sein: Perfekte Passform ist ein absolutes Muss.

Nehmen Sie die Decke so oft wie möglich ab, damit das Fell gelüftet wird.

Reiten im Winter

Schlechtes Wetter ist kein Grund nicht zu reiten. Mit dem Pferd kann bei jedem Wetter gearbeitet werden. Das ist eine gute Vorbereitung für Turniere, denn die finden auch bei jedem Wetter statt. Denken Sie jedoch daran, dass das Reiten

Beim Überspringen kleiner Hindernisse lernt das Pferd auf seine eigene Kraft zu vertrauen und entwickelt sich schnell zu einem immer sichereren Springer.

Bei kaltem Wetter sollte dem Pferd eine Nierendecke aufgelegt werden, um seine Muskulatur warm zu halten.

natürlich den Bodenverhältnissen angepasst werden muss.

Bei gefrorenem und sehr hartem Boden sollte das Pferd besser nur im Schritt gehen. Legen Sie ihm dann Stützbandagen, so genannte Reitbandagen an, um der Gefahr einer Verstauchung vorzubeugen. Die Bandage besteht aus einer Unterlage und einer elastischen Binde. Beginnen Sie direkt unter dem Fesselgelenk und wickeln Sie bis zum Karpalgelenk hoch, dann wickeln Sie wieder abwärts. Nach dem Reiten muss die Bandage sofort entfernt werden, damit keine Blutstauungen entstehen.

Bei kühlem Wetter oder Regen wird dem Pferd eine Nierendecke übergelegt. Sie hält die Rückenmuskulatur warm und es kommt dadurch nicht so schnell zu Muskelrissen oder anderen Muskelproblemen.

Bei nicht beschlagenen Pferden mit empfindlicher Sohle können durch den unebenen, gefrorenen Boden Verletzungen an den Hufen entstehen. Außerdem besteht das Risiko, dass sich Hufgeschwüre entwickeln.

Nachpflege

An den Tagen, an denen das Pferd arbeitet und schwitzt, muss es abgewaschen werden, damit der eingetrocknete Schweiß nicht auf dem Fell als Rückstand bleibt. Das könnte zu schmerzhaften Hautknoten führen.

Striegeln Sie das Pferd nach der Arbeit mit einer sehr dichten Kardätsche. Bürsten Sie dabei nicht nur leicht die Oberfläche ab, sondern bewegen Sie die Kardätsche in langen, kraftvollen Zügen. Das ist eine wundervolle Massage und erhöht die

Durchblutung der Muskeln, so dass die Schlackenprodukte leichter ausgeschwemmt werden. Außerdem verhindern Sie dadurch Schmerzen und Steifheit in den Muskeln.

Trainingsaufbau

Die Anforderungen nach und nach steigern

Der Schwierigkeitsgrad des Trainingsprogramms sollte schrittweise erhöht werden. Beginnen Sie nach dem Aufenthalt auf der Weide ganz gemächlich mit kurzen Reitlektionen von etwa einer Viertelstunde und verlängern Sie diese jedes Mal um etwa 5 Minuten. Im Frühjahr sollte das Pferd ein Pensum von rund 60 Minuten im Schritt, Trab und Galopp absolvieren. An jedem zweiten Tag wird das Training durch Bodenarbeit, Freispringen oder Klettern ergänzt. Vergessen Sie nicht, vor und nach jedem Arbeitseinsatz mit dem Pferd im Schritt zu gehen.

Mit dem Springen beginnen

Anschließend werden die Anforderungen erhöht, so dass das Pferd im Herbst über kleine Naturhindernisse wie Baumstämme, steinerne Einfriedungen und Gräben springen kann. Der Schwierigkeitsgrad sollte in etwa einem vergrößerten Galoppsprung entsprechen, aber keine direkte Anstrengung bedeuten. Kontrollieren Sie vor dem Abspringen die Seite, auf der Sie landen.
Anfangs springt das junge Pferd oft zu kurz vor dem Hindernis ab. Das hängt mit seinem speziellen Sehvermögen zusammen. Weil die Augen so weit außen an den Seiten platziert sind, besitzt jedes von ihnen ein eigenes Sehfeld. Das erschwert anfänglich die Einschätzung des Abstandes. Aber das Pferd ist schnell in der Lage, bei der Beurteilung die Umgebung zu Hilfe zu ziehen.

Variieren Sie die verschiedenen Übungen! Das Pferd kann geritten werden, Bodenarbeit verrichten, an der Hand klettern, Freispringen und eventuell vor den Wagen gespannt werden.

Tierärztlicher Rat

Probleme im Maul. Im Alter von etwa dreieinhalb Jahren fallen die Milchzähne aus. Wenn das Pferd plötzlich kopfscheu wird, unruhig auf dem Gebiss kaut, den Kopf schräg legt und gereizt wirkt, kann der Zahnwechsel der Grund dafür sein.
Schränken Sie das Reiten und Fahren mit dem Wagen während dieser Zeit etwas ein und legen Sie hauptsächlich Gewicht auf Übungen, bei denen keine Trense nötig ist. Führen Sie das Pferd am Kappzaum oder lassen Sie es Freispringen.
Bitten Sie den Tierarzt, verbliebene scharfe Kanten zu raspeln.

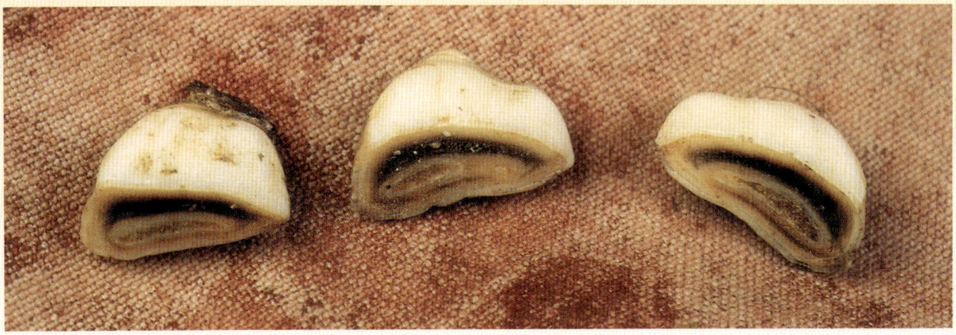

Drei von vier Milchzähnen, die den Dreieinhalbjährigen herausfallen. Oft liegen sie in der Futterkrippe.

Fesselgelenk-Lahmheiten. Im und rund um das Fesselgelenk können viele Probleme entstehen. Einige der üblichsten sind:

Fesselgelenkverstauchung. Das Pferd hat eine Schwellung an dem warmen Fesselgelenk und lahmt. Im akuten Fall wird das Gelenk mit einer Eisbandage gekühlt, anschließend mit Liniment bestrichen und eine wärmende Bandage angelegt.
Bewegen Sie das Pferd im Schritt, bis es nicht mehr lahmt und die Schwellung abgeklungen ist. Das dauert in der Regel etwa 7 bis 10 Tage.

Seröse Fesselgelenkentzündung. Sie äußert sich darin, dass das Pferd etwas »klamm« im Schritt wird, unwillig vorwärts geht oder nicht gleichmäßig auf dem Zirkel läuft. Manchmal lahmt das Pferd, aber nicht immer.
Die Entzündung wird entweder durch Ruhe kuriert, so dass sie von selbst wieder heilt, oder durch die Injektion eines entzündungshemmenden Präparats in das Gelenk. Diese Behandlung muss unter Umständen wiederholt werden. In der Zwischenzeit darf das Pferd nur in kontrollierter Form im Schritt bewegt werden.

Gallen. So bezeichnet man weiche Schwellungen an den Gelenken und Sehnenscheiden. Eine Galle bildet sich bei übermäßiger Ansammlung von Flüssigkeit in der unmittelbaren Umgebung des Gelenks. Sie kann mehrere Ursachen haben wie falsches Putzen oder Beschlagen, Parasitenbefall, zu viele Proteine im Futter usw. Es ist wichtig, schnell die Ursache der Gallen herauszufinden.
Diese Schwellungen können an allen Gelenken auftreten. Eine harte, warme Galle an einem einzigen Gelenk muss untersucht und eventuell behandelt werden.
Wenn das Pferd allgemeine, weiche Gallen an den Fesselgelenken hat, kann man mit ihm jedoch in der Regel wie gewöhnlich arbeiten.

Vorbeugende Maßnahmen. Das Verletzungsrisiko an den Vorderbeinen kann verringert werden, wenn man die Muskulatur der Vorderbeine trainiert und stärkt. Das geschieht vor allem durch das Erklettern von Steigungen und/oder Fahren mit dem Wagen. Je stärker die Muskulatur des Pferdes im vorderen Bereich entwickelt ist, desto größer ist die Stoßdämpferwirkung, die erzielt wird. Der Druck auf die Fesseln und Karpalgelenke verringert sich dadurch beträchtlich.
Regelmäßiges Klettern ist eine ausgezeichnete Möglichkeit, mit einem äußerst geringen Verletzungsrisiko die Muskulatur eines Pferdes aufzubauen. Wenn man im Flachland wohnt, lohnt es sich, das Pferd zu einem geeigneten Gelände zu transportieren.

Schmerzen im Rücken haben viele Ursachen. Wenn sich das Pferd beim Aufsitzen des Reiters verspannt, einen Buckel macht und eine Verteidigungsposition einnimmt, kann das mit Schmerzen in der Rückenmuskulatur zusammenhängen. Diese zeigen sich auch bei einer systematischen Untersuchung, wenn das Pferd beim Abtasten der Rückenstreckmuskeln empfindlich reagiert.
Eine der Ursachen ist der Haarwechsel. Manche Pferde sind in dieser Zeit anfälliger für Krankheiten und deshalb etwas schonungsbedürftiger. Wer so ein Pferd besitzt, sollte das Training in diesem Zeitraum etwas reduzieren und vielleicht durch eine Extragabe von Vitamin A, D und E versuchen vorzubeugen. Außerdem kann man den Haarwechsel beschleunigen, indem das Pferd mit einem Gummistriegel gebürstet wird.
Rückenprobleme bei Reit- oder Fahrpferden können aber auch durch eine falsche Körperhaltung entstehen, beispielsweise wenn das Pferd mit erhobenem Kopf und gesenktem Rücken geht. Es ist nicht ungewöhnlich, dass der gleiche Reiter beziehungsweise Fahrer mehrere Pferde mit dem gleichen Problem

Tierärztlicher Rat

besitzt. Dann sollte er seine Trainingsmethoden überprüfen!
Ein Reiter kann aber auch durch eine fehlerhafte Sitzhaltung – vielleicht sitzt sie oder er etwas schief im Sattel – das Pferd muskulär falsch beanspruchen, indem es das zu kompensieren versucht. Das Pferd verdreht sich dann im Körper und das hat eine falsche Belastung zur Folge. Deshalb sollte der Reiter sehr selbstkritisch sein in Bezug auf die Art, wie er sein Pferd trainiert und jemanden bitten seine Körperhaltung zu beurteilen, so dass dieses Grundproblem zufriedenstellend gelöst werden kann.

Eine schlecht sitzende Ausrüstung ist eine weitere Ursache für Rückenschmerzen. Wenn das Jungpferd nach einer bestimmten Zeit neue Muskeln aufbaut, liegt der Sattel beziehungsweise das Geschirr anders auf. Kontrollieren Sie deshalb nach einer gewissen Trainingszeit, ob die Ausrüstung noch richtig sitzt. Vielleicht muss sie verändert oder ausgetauscht werden. Ein Tipp: Legen Sie dünnen Bettlakenstoff zwischen Sattel und Pferderücken. An dem angesammelten Staub erkennen Sie, ob der Sattel mit gleichmäßig verteiltem Druck aufliegt oder nicht.

Einige vorbeugende Maßnahmen:
- Achten Sie darauf, dass der Rücken des Pferdes vor der Arbeit sauber ist.
- Ziehen Sie Übungen vor, die die Rückenmuskulatur des Pferdes aufbauen, so dass es schnell im Gleichgewicht arbeiten kann.

Grundlagen der Trainingsphysiologie

Nur wer über die Grundlagen der Trainingsphysiologie Bescheid weiß, erzielt mit dem Konditionstraining auf Dauer ein gutes Resultat. Es ist wichtig zu wissen, warum man auf eine bestimmte Art trainiert, wie dieses spezielle Training auf das Pferd einwirkt und auf welche Weise die Kontrolle erfolgt. So können Sie motivierter mit dem Pferd arbeiten und bessere Ergebnisse erzielen.
Das Konditionstraining eines Pferdes kann wie eine Treppe dargestellt werden. Die erste Stufe nimmt am längsten Zeit in Anspruch. Hier wird in einer mäßig intensiven Ausbildung die Grundkondition aufgebaut. Danach setzt das Krafttraining ein. Es soll dem Pferd Stärke und Widerstandsfähigkeit verleihen. Erst wenn diese Grundpfeiler stehen, beginnt das Training in schnellem Tempo, das Galopptraining.
Um zu sehen, wie groß die Anstrengung während der Arbeit ist, sollte der Arbeitspuls des Pferdes gemessen werden. Wer einen Pulsmesser besitzt, kann den Wert direkt ablesen und sogar vergleichen, wie verschiedene Böden den Arbeitspuls beeinflussen. Beispielsweise schlägt das Herz etwa 120-mal pro Minute beim Longieren im Trab oder ruhigem Galopp auf normalem Boden. Dagegen lässt ein tiefer Boden die Werte sofort auf 180 Schläge pro Minute hochschnellen. Das ist auch wichtig für den Fahrer eines Zweispänners. So kann er sehen, ob sich beide Pferde gleich stark anstrengen – was nicht immer der Fall ist!
Wer keinen Pulsmesser besitzt, kann absitzen und den Puls direkt nach der Anstrengung kontrollieren. Der Arbeitspuls sinkt schnell. Findet man den Puls mit einem Griff, ist er wahrscheinlich erst um etwa 25 Prozent gesunken. Wenn 120 Schläge pro Minute gemessen werden, hat das Pferd mit etwa 150 Schlägen pro Minute gearbeitet.
Soll eine Arbeit die Kondition erhöhen, muss der Arbeitspuls bei 80 Schlägen pro Minute liegen. Das entspricht einem lebhaften Schritt oder einem Arbeitstrab in gemäßigtem Tempo. Ältere, durchtrainiertere Pferde können über längere Zeit hinweg mit einem Arbeitspuls von bis zu 150 Schlägen pro Minute arbeiten.

Einige Beispiele von (Durchschnitts-) Pulswerten:

Langsamer Trab 250 m/min.	80–130 Schläge/min.
Schnellerer Trab 300 m/min.	100–150 Schläge/min.
Kurzer Galopp 350 m/min.	120–160 Schläge/min.
Galopp 500 m/min.	150–200 Schläge/min.

Die Kondition jedes einzelnen Pferdes entscheidet darüber, wie lange es in diesem Tempo arbeiten kann.

Mäßig intensives Training

Diese Form des Trainings bietet allen Pferden eine gute Grundlage. Der Arbeitspuls bewegt sich dabei zwischen 100 und 160 Schlägen pro Minute. Je nach Hintergrund und Status des Pferdes dauert es sechs bis zwölf Monate, die Kondition so aufzubauen, dass das Pferd etwa 60 Minuten Arbeit im Schritt, Trab und Galopp schafft, ohne einen zu hohen Erholungspuls zu haben.
Das mäßig intensive Training umfasst immer längere Strecken in niedrigem Tempo sowie Intervalle (siehe Seite 91) in ruhigem Tempo mit kurzen Ruhepausen.

Für Dressurpferde, die in leichten Klassen antreten, und Pferde für Spazierritte reicht dieses Konditionsniveau in der Regel aus.

Krafttraining

Bevor Sie mit dem Krafttraining beginnen, sollte das Pferd eine Stunde mäßig intensives Training mit einem steten Erholungspuls von 60 bis 80 Schlägen pro Minute schaffen.
Das Krafttraining entwickelt die Muskel- und Widerstandskraft des Pferdes. Es kann auf verschiedene Art betrieben werden: durch das Erklettern steiler Hänge, kurze Arbeitseinsätze auf tiefem Boden, Gymnastikspringen, Auf- und Abspringen, Reiten im Wasser, durch den Schnee stapfen usw.
Beim Krafttraining liegt der Arbeitspuls bei leichteren Übungen bei 170 Schlägen pro Minute. Bei anstrengenderer Arbeit können die Werte auf 180 Schläge pro Minute ansteigen.
Dressurpferde in höheren Klassen sowie die Distanz-, Fahr-, Spring- und Vielseitigkeitspferde benötigen alle unterschiedlichen Methoden von Krafttraining.

Schnelligkeitstraining

Das Schnelligkeitstraining umfasst Sprints im Galopptempo über 500 bis 700 Meter pro Minu-

Schema eines Konditionstrainings

Puls-schläge/min.	**Alter 3–4 Jahre**	**4–5 Jahre**	**5 Jahre**
200			**Schnelligkeits-**
190			**oder hartes**
180		**Krafttraining**	**Krafttraining**
170		erhöht den Puls ab und zu	tiefer Boden,
160	**Mäßig intensives Training**	auf 170–180 Schläge/min.	Puls 180–200
150	Puls 100–160 Schläge/min.:	Steiles Klettern, Galopp in	Schläge/min.
140	»Allgemeines Reiten« – Dressurreiten,	Intervallen usw.	
130	Ausritte mit leichtem Klettern,		
120	Überspringen von Naturhindernissen.		
110	Grundlage für alle Pferde.	*Aerobes und zeitweise*	*Generell*
100	*Aerobes Training.*	*anaerobes Training.*	*anaerobes Training.*

Aerobes und anaerobes Training wird auf Seite 93 erklärt.

Ein guter Boden für das Galopptraining ist Gold wert. Ab und zu lieben es alle Pferde, so richtig im Galopp ausgreifen zu können.

te, Halten der Geschwindigkeit und Steigerungen. Diese Form von Training ist ganz oben auf der Trainingstreppe zu finden, da das Skelett des Pferdes erst sukzessive aufgebaut und angepasst werden muss, um diesen Anforderungen standhalten zu können. Vergessen Sie nie, dass hohes Tempo stets mit erhöhtem Verletzungsrisiko einhergeht. Messen Sie vor der Galopparbeit immer die Temperatur, damit das Pferd nicht mit Fieber ein Galopptraining absolviert!
Schnelligkeitstraining brauchen Spring-, Fahr-, Vielseitigkeits- und Westernpferde.

In Intervallen trainieren

Die Effektivität jedes Trainings können Sie noch steigern, wenn Sie es in Intervallen anlegen. Bei einem Intervalltraining wechseln kurze, intensive Arbeitsphasen mit Ruhepausen ab. Beispielsweise können 2 Minuten Galopp in mäßigem Tempo von 2 Minuten Trab abgelöst werden. Das Ganze wird zwei- bis dreimal wiederholt. Dadurch wird ein effektiveres Training erreicht, als wenn das Pferd 4 bis 6 Minuten ohne Unterbrechung galoppiert. Die Quantität des Trainings wird bei gleich bleibender Intensität gesteigert. Durch die Ruhepausen zwischen den Übungen bekommt das Pferd die Möglichkeit, sich wieder zu erholen.

Temporeiten

Um effektiv trainieren zu können, sollten Sie auch wissen, in welchem Tempo Sie reiten. Messen Sie mit Hilfe eines Messrades oder etwas Ähnlichem eine bestimmte Strecke ab, zum Beispiel 400 Meter, und kontrollieren Sie mit einer Stoppuhr, wie lange Sie mit dem Pferd dafür brauchen. Testen Sie die Strecke im Trab sowie im ruhigen beziehungsweise verschärften Galopp, bis Ihnen das Gefühl für das Tempo »im Rückenmark sitzt«.

Beispiel für ein Intervalltraining

Im Frühjahr sollte das bald vierjährige Pferd eine Intervallübung wie diese schaffen:

Vorschlag:

- Galopp über 400 Meter unter 2 Minuten, danach Ruhe (2 Minuten Schritt und Trab).
- Zweimal wiederholen.
- 10 Minuten im Schritt. Wenn der Puls nicht höher als 100 Schläge pro Minute ist, wird die gesamte Intervallübung nochmals wiederholt.

Diese Trainingsart reduziert das Verletzungsrisiko erheblich, da Verletzungen oftmals nur deshalb entstehen, weil Muskeln, Sehnen und

Bänder ermüdet sind und nicht mehr hinreichend als Stoßdämpfer wirken können. Außerdem ist diese Art zu trainieren effektiv und Sie erzielen schneller Erfolge, als wenn Sie planlos dahinreiten. Ein Teil des Trainings im Frühjahr kann in dieser Form absolviert werden.
Sobald sich die Kondition des Pferdes verbessert, werden die Intervall-Trainingseinheiten nach und nach aufgestockt. Das geschieht entweder durch eine Steigerung der Übungslänge und der Intensität oder durch eine vermehrte Anzahl der Intervalle. Wichtig dabei ist, den Erholungspuls zu kontrollieren, um zu sehen, ob das Pferd mit den Übungen nicht überfordert wird. Der Pulswert zeigt auch an, wann Sie dem Pferd anstrengendere Übungen zumuten können.

Springen im Intervalltraining

Außer Freispringen und Springen über Naturhindernisse übt das Jungpferd nun auch das Treten über Cavaletti und einladende Hindernisse auf der Reitbahn. Die Gesellschaft eines erfahrenen Pferdes ist auch weiterhin eine wertvolle Hilfe für das Jungpferd und eine Möglichkeit, ihm schnell beizubringen, was von ihm gefordert wird.
Wenn das Springen allmählich gesteigert wird, ist das Intervalltraining eine gute Methode, die Kontrolle darüber zu behalten, wie oft das Pferd eigentlich gesprungen ist. Ein springfreudiges Jungpferd, das gerne ein Hindernis nach dem anderen nimmt, kann nämlich auch sehr schnell überanstrengt werden.

Beispiel:
Das Pferd springt über drei bis vier niedrige Hindernisse und geht dann im Schritt oder Trab zum Ausgangspunkt zurück. Das Zurückgehen sollte sechsmal länger dauern als das Springen über die Hindernisse.
Damit ergibt sich ein Verhältnis von 1:6. Die Erholung dauert sechsmal länger als die Arbeit. Wiederholen Sie das Ganze dreimal.

Es gibt zahllose Möglichkeiten, Cavaletti anzuordnen. Mit dieser Übung werden das Gleichgewicht und die Schrittlänge im Trab trainiert.

Der nächste Schritt ist das Springen. Mit einem Intervall-Springtraining erzielen Sie beste Resultate.

Mit einem regelmäßigen Erholungspuls von 60 bis 80 Schlägen pro Minute kann das Pferd anstrengendere Arbeit verrichten.

Fütterung

Auch das Futter muss an die steigenden Trainingsanforderungen angepasst werden. Der Tagesbedarf an Protein für einen Dreieinhalbjährigen, der etwa 45 Minuten arbeitet, liegt bei ungefähr 480 Gramm. Der Energiebedarf beträgt etwa 80 Megajoule.

Achten Sie bei der Futtergabe auf ausreichend Magnesium. Das ist notwendig für die Muskelarbeit. Das Pferd befindet sich nun in einer intensiven Phase des Muskelaufbaus. Der Tagesbedarf liegt bei etwa 11 Gramm Magnesium.

Aerobes Training – langsame Arbeit oder leichte Anstrengung, bei der die Muskeln mit genügend Sauerstoff arbeiten.

Anaerobes Training – schnelle oder intensive Arbeit, bei der der Zuckerabbau in den Muskeln ohne Sauerstoff erfolgt.

Kehlkopfpfeifen tritt oft im Alter von zwei bis vier Jahren auf, wenn Sie mit dem Pferd regelmäßig arbeiten. Diese Erkrankung wird durch einen schwindenden Muskel im Kehlkopf verursacht. Als Nebeneffekt wird das Stimmband gelähmt und kann beim Atmen nicht nach außen geführt werden. Ein pfeifender Laut entsteht und das Pferd ist nicht mehr in der Lage, eine normale Leistung zu erbringen, da es nicht genügend Luft bekommt. Schwedische Forscher haben nachgewiesen, dass fast nur Voll- und Halbblüter männlichen Geschlechts von dieser Krankheit betroffen sind und dass sie vorzugsweise auf der linken Seite des Kehlkopfes auftritt. Die meisten chirurgischen Eingriffe sind erfolgreich.

Kniescheibenluxation. Oft wird die Erkrankung erst entdeckt, wenn das Pferd zu arbeiten beginnt. Dabei klemmt die Kniescheibe einen Moment an dem inneren Band im Kniegelenk fest und gleitet kurz darauf mit einem schnappenden Laut wieder in die Normallage zurück. Das Pferd verharrt mitten in der Bewegung mit steifem Bein und geht dann weiter.
Eine Operation bei Jungpferden mit Kniescheibenluxation verläuft in der Regel erfolgreich.
Bei bestimmten Pferden ist diese Blockierungstendenz latent vorhanden und tritt dann auf, wenn sie keine Kondition mehr haben. Hier helfen Vitamin-B-Spritzen, denn sie unterstützen den Muskelaufbau.

Abweichungen im Körperbau. Etwaige Abweichungen von einem zweckmäßigen Exterieur müssen stets im Verhältnis zu den Leistungsanforderungen an die Pferde gesehen werden. Es ist jedoch gut zu wissen, dass bestimmte »Fehler« im Exterieur eine Reihe nicht wünschenswerter Folgen haben können.

Parallelverschiebung bedeutet, dass das Röhrbein nicht gerade unter dem Karpalgelenk sitzt, sondern zur Seite hin verschoben ist. Dadurch kommt es bei der Arbeit zu einer Schrägbelastung des Karpalgelenks. Die Knochenhaut kompensiert das, indem sie ein Überbein bildet. Das ist die Art der Natur, die Knochenhaut zu stärken, falls sie zu großen Belastungen ausgesetzt wird. Oft sind diese Überbeine groß und bereiten dem Pferd vorübergehend ziemliche Schmerzen.
Ein Pferd mit einer Parallelverschiebung leidet oft auch noch unter einer anderen Stellungsanomalie.

Schwache Fesseln. Extrem lange Fesseln führen dazu, dass das Pferd zu tief auftritt und bärentatzig wird. Natürlich wünscht man sich bei einem Reitpferd ziemlich lange Fesseln, damit die Schritte weich und schwebend wirken, aber allzu lange, flache und schwache Fesseln belasten die Sehne, die die Fessel trägt. Es gibt nichts, was man tun könnte, um bereits schwache Fesseln bei einem Jungpferd zu stärken. Auf alle Fälle sollte das Reiten auf weichen Böden vermieden werden. Außerdem sollte das Pferd kräftige Sehnenschoner tragen, die die Fessel rundherum stützen.
Oft ist ein Pferd mit sehr langen Fesseln auch säbelbeinig. Dabei ist die Knochenachse im Karpalgelenk nach hinten gebrochen, so dass die Winkelung leicht gebogen ist. Bei Reitpferden stellt das ein ernsthaftes Problem dar, weil dadurch ein erhöhtes Verletzungsrisiko besteht.

Das wichtige Sprunggelenk. Bei Reitpferden wünscht man sich lange und breit ausgeformte Sprunggelenke, da die Kraft des Pferdes für die Vorwärtsbewegung von dieser Stelle ausgeht. Fehlstellungen sind häufig Ursachen von Krankheiten. Auch bestimmte Abweichungen im Exterieur wie beispielsweise eine kuhhessige Beinstellung (die Sprunggelenke werden zueinander abgewinkelt) oder O-Beinigkeit (die Sprunggelenke werden voneinander abgewinkelt) belasten das Sprunggelenk stark.

Solche Pferde müssen besonders aufmerksam auf Gallen, Lahmheit oder verstärkte Wärme in Gelenknähe hin untersucht werden, damit man die Ursache der Überanstrengung entdeckt, noch ehe sie zu einer ernsthaften Erkrankung führen kann.

Der *Hals* sollte an den Schultern und am Übergang zum Kopf gut angesetzt sein. Das erleichtert dem Pferd das Suchen des Gebisses in der Tiefe, sich im Gleichgewicht zu bewegen und die richtige Körperhaltung einzunehmen. Abweichungen am Halsansatz wie Schwanenhals, Hirschhals sowie kurzer und dicker Hals bewirken, dass das Pferd anfangs damit Probleme hat. Pferde mit solchen Halsformen brauchen etwas länger, bis die Halsmuskulatur umgebaut ist und sie richtig einsetzbar sind. Regelmäßiges Klettern ist normalerweise eine gute Möglichkeit den Hals »umzuformen«. Wer genügend Erfahrung besitzt, kann ein solches Pferd auch durch Longieren trainieren. Man sollte es dann einspannen und auf einem runden Longierplatz mit ihm üben.

Arbeitsweise der Muskeln. Um die Prinzipien des Konditionstrainings zu verstehen, sollten Sie wissen, wie die Muskeln arbeiten. Das Pferd ist ein Muskeltier. Es besteht zu etwa 45 Prozent aus Muskulatur, die für schnelles Laufen und kraftvolle Arbeit benötigt wird. Die einzelnen Muskeln arbeiten mit Hilfe der Nährstoffe und des Sauerstoffs, den sie über den Blutkreislauf bekommen.

Die für langsamere Arbeit benötigte Energie wird erzeugt, indem die Muskeln die Nahrung

Das Pferd ist ein Muskeltier, das zu etwa 45 Prozent aus Muskulatur besteht. Sie ist nötig für kraftvolle Arbeit und schnelles Laufen.

mit Hilfe von Sauerstoff umwandeln. Dieser Vorgang wird aerobe Verbrennung genannt. In der Regel geschieht das bei einem Arbeitspuls, der sich unter 160 Schlägen pro Minute bewegt. Bei anstrengenderer Arbeit erhöht sich der Bedarf der Muskeln sowohl an Sauerstoff als auch an Nährstoffen, was der Körper durch eine erhöhte Herzfrequenz, also einen schnelleren Pulsschlag, anzeigt.

Steigt die Arbeit in ihrer Intensität und Geschwindigkeit so an, dass dabei ein Puls von etwa 180 Schlägen pro Minute oder mehr erreicht wird, erfolgt in den Muskeln der anaerobe Stoffwechsel. Die Muskulatur schafft es nicht, ausreichend Energie auf aerobe Weise zu produzieren, sondern muss Energie durch Zuckerabbau bilden. Dieser geht ohne Sauerstoff vor sich und ist unvollständig, das heißt, er hinterlässt Schlackenrückstände, die Milchsäure.

Wenn sich Milchsäure in den Muskeln sammelt, verliert das Pferd sehr schnell an Energie. Bei einem untrainierten Pferd liegt diese Milchsäureschwelle normalerweise bei einem Tempo von 500 Metern pro Minute und einem Arbeitspuls von rund 180 Schlägen pro Minute. Dagegen steigt sie bei einem durchtrainierten Pferd bis zu einem Puls von 200 bis 220 Schlägen pro Minute.

Ein Ziel des Konditionstrainings ist es, das Vermögen Sauerstoff aufzunehmen, so zu steigern, dass die Grenze für den anaeroben Stoffwechsel weit nach oben rückt. Das Pferd kann dann länger und/oder intensiver arbeiten, ohne dass die Milchsäureschwelle überschritten wird. Es hat einen so genannten steady state erreicht.

Ein gutes Vermögen Sauerstoff aufzunehmen, setzt voraus, dass das Pferd gute Lungenbläschen besitzt, ein Herz mit großem Schlagvolumen (bei jedem Schlag wird viel Blut hinausgepumpt), eine gute Sauerstoffaufnahme in den Muskeln sowie einen großen Anteil roter Blutkörperchen hat, damit der Transport des Sauerstoffs ausreichend gewährleistet ist.

Ein anderes Ziel ist, die Milchsäureschwelle so hoch wie möglich anzusetzen. Um das zu erzielen, muss das Training hin und wieder anaerob werden und die Milchsäureschwelle erreichen. Hier gilt es, die richtige Balance zwischen effektivem Training und Überanstrengung zu finden.

Zusammensetzung der Muskeln. Die Fasern in der Muskulatur des Pferdes sind in Typ I und Typ II aufgeteilt. Die Muskelfasern vom Typ I arbeiten langsam und ausdauernd, wohingegen der Typ II schnell ist und eher bei explosiver Arbeit während kurzer Zeiträume zum Zuge kommt. Die Zusammensetzung der Muskelfasern ist bei allen Individuen verschieden. Dank der Zuchtarbeit, die spezialisierte Pferderassen für die unterschiedlichsten Anwendungsber eiche hervorbringt, variieren die Muskelfasern sogar unter den Rassen. So haben beispielsweise arabische Vollblüter einen größeren Anteil an langsamen Muskelfasern. Dadurch sind die Pferde sehr ausdauernd und für das Distanzreiten geeignet. Beim Quarter Horse ist genau das Gegenteil der Fall. Das Pferd besitzt einen extrem hohen Anteil an schnellen Muskelfasern. Deshalb eignet es sich besonders für das Westernreiten, bei dem schnelle Starts, enge Wendungen und abrupte Stopps gefragt sind.

Die Muskelfasern vom Typ II werden in die Untergruppen IIA und IIB eingeteilt. Der Typ IIA gleicht dem Typ I in seinem Stoffwechsel, da er mehr zu aerober Verbrennung neigt. Dagegen bezieht der Typ IIB seine Energie hauptsächlich durch anaeroben Stoffwechsel. Dieser Typ wird erst aktiviert, wenn das Pferd mit einem Puls von etwa 180 Schlägen pro Minute oder mehr arbeitet.

Fohlen haben bei der Geburt einen großen Anteil an schnellen Muskelfasern vom Typ IIB, um bei Gefahr der Herde folgen zu können. Diese Muskelfasern geben sehr schnell Energie, sind aber nicht sehr ausdauernd. Muskelfasern können durch Training beeinflusst werden, indem

Tierärztlicher Rat

ein Teil der schnellen, explosiven Fasern des Typs IIB in mehr ausdauernde des Typs IIA umgewandelt werden.
Je besser ein Pferd trainiert ist, desto mehr Muskelfasern vom Typ IIA besitzt es. Beginnt man bei dem jungen Pferd bereits im Fohlenalter mit der Grundausbildung, dann schafft man es, dass diese Veränderung bei der Zusammensetzung der Muskeln von Anfang an nach Wunsch verläuft. Damit erhöht sich die Chance, die Kapazität des Pferdes optimal zu nutzen. Wartet man dagegen bis zum Alter von drei bis vier Jahren und fängt erst dann mit der Ausbildung an, kann man nicht mehr das optimale Vermögen der Muskelfasern zur Umwandlung von Typ IIB in Typ IIA nutzen. Der Trainingseffekt verringert sich nämlich ab dem fünften Lebensalter.

Training an jedem zweiten Tag. In diesem Buch wird immer wieder darauf hingewiesen, dass nur jeden zweiten Tag trainiert werden soll. Der Grund hierfür ist, dass die Muskeln die Möglichkeit bekommen müssen, sich von der Anstrengung zu erholen. Man geht davon aus, dass sie 48 Stunden brauchen, bis sie sich wieder völlig regeneriert haben. Wird die gleiche Muskelgruppe Tag für Tag trainiert, während sie immer noch müde ist, entsteht mehr Schaden als Trainingseffekt.
An den dazwischenliegenden Tagen können Sie das Pferd auf die Weide schicken, im Schritt bewegen, Bodenarbeit mit ihm machen, es traben lassen oder durch Dressurreiten seine Geschmeidigkeit trainieren. Die Auswahl hängt einfach ganz davon ab, wie weit sein Trainingsstand ist.

Training im Frühjahr

Wenn das Pferd im Frühjahr bereits eine gute Kondition besitzen sollte, können Sie einige der dazwischenliegenden Ruhetage auf der Weide nutzen, um zu üben, im Schritt unter dem Reiter zu gehen. Reiten Sie dabei etwa 30 Minuten in lebhaftem Schritt am langen Zügel. Für ein Jungpferd ist es physisch wie psychisch notwendig, ab und zu nur im Schritt zu gehen.
Die Arbeit sollte – wie bereits erwähnt – nach einem bestimmten Schema ablaufen und stets im Schritt beginnen und enden. Wenn es das Pferd nun schafft, den Reiter während einer ganzen Reitlektion hindurch im Gleichgewicht zu tragen, wird eine neue Übungseinheit eingeführt: die Entspannung. Das bedeutet, dass jeder Übungsteil mit einer Entspannungsphase abgeschlossen wird und das Pferd sich mit langem und gelöstem Hals den Weg in die Tiefe sucht. Lassen Sie es in einem langsamen Arbeitstrab mit leichter Anlehnung den Weg in die Tiefe finden. Beim Verlangsamen in den Schritt zieht das richtig trainierte Pferd den Zügel weich aus der Hand des Reiters.

So könnte eine normale Reitlektion aussehen:

- Schritt am langen Zügel, mindestens 10 Minuten
- 20 bis 30 Minuten arbeiten
- etwa 5 Minuten Entspannung
- Schritt am langen Zügel, mindestens 10 Minuten

Der Schritt ist so wichtig, dass jeder, der damit Schwierigkeiten hat, einen Reiter als Begleiter mitnehmen sollte, der mit dem Pferd vor und nach der Arbeit im Schritt reitet.
Sie können sich auch einer Führmaschine bedienen, wenn es ein gutes Modell ist, das heißt, das Pferd muss frei zwischen den Gittertüren gehen können und die Führmaschine soll keinen Asphaltboden besitzen. Lassen Sie das Pferd nie unbeaufsichtigt in der Führmaschine.
Im nächsten Jahresabschnitt muss das Pferd härter arbeiten und wird manchmal vom Training ganz schön »mitgenommen« sein. Dann müssen ihm auch die Beine gekühlt werden. Informationen darüber erhalten Sie im nächsten Kapitel auf Seite 110.

Schritt am langen Zügel ist wichtig zum Aufwärmen vor dem eigentlichen Training und später zum Entspannen.

Planung der Wettkämpfe

Erleichtern Sie dem unerfahrenen Vierjährigen die erste Wettkampfsaison. Lassen Sie die Turniere für ihn zu einem positiven Erlebnis werden und planen Sie die Saison sorgfältig.
Hier einige Tipps:

- Suchen Sie kleine, ruhige Turnierplätze aus.
- Beginnen Sie am besten mit kleineren Vereinsturnieren, bei denen die Pferde nicht unter Zeitdruck stehen und Springpferde die Chance haben, das Hindernis auch nach dem dritten Verweigern zu überspringen.
- Wählen Sie Plätze mit gutem Boden aus. Fahren Sie lieber einige Kilometer weiter und lassen Sie Ihr Pferd nicht auf schlechtem Boden laufen.
- Fahren Sie vorsichtig, damit das Pferd bei der Ankunft nicht verängstigt und völlig benommen vom Transport ist.
- Führen Sie einen routinemäßigen Ablauf in Bezug auf Pflege und Fütterung an den Wettkampftagen ein.
- Vergessen Sie nie, dass die Wettkämpfe im ersten Jahr dazu dienen sollen, dem Jungpferd Mut und Vertrauen zu geben, sich in neuen Umgebungen zu bewähren.

Die Weide nicht vergessen

Auch wenn nun alles auf die Zuchtschau und das Jahrgangsfinale Anfang Herbst ausgerichtet ist, kann der Vierjährige noch mindestens einen Monat auf die Weide geschickt werden. Die Pferde behalten trotz der Ruhepause ihre Kondition. Bei einem Pferd in totaler Ruhe sinkt die Herz- und Lungenkapazität erst nach fünfwöchiger Untätigkeit ab. Darin unterscheiden sie sich unter anderem von den Menschen. Wenn wir für zehn Tage das Training unterbrechen, lässt die Kondition bereits nach. Reduzieren Sie das Training etwas vor dem Weidegang und beginnen Sie wieder langsam nach der Ruhepause, indem Sie die ersten Tage im Schritt gehen.

Turniermäßige Ausbildung zwischen dem 4. und 5. Lebensjahr

»Ein guter Jungpferde-Ausbilder hat Verständnis für das Wesen der Pferde; er besitzt Geduld und gibt dem Pferd die Zeit, die es braucht. Er hat ein Gefühl für »Timing« und kann beurteilen, wann das Pferd reif ist für den nächsten Schritt. Er besitzt ein gutes Einschätzungsvermögen in puncto Sicherheit.«

K. G. Svensson
Leiter der Jungpferde-Ausbildung an der Hippologischen Hochschule in Flyinge

Gezielte Topform

Egal, ob es nun um die Teilnahme an einem Wettkampf, eine Zuchtschau oder Hengstleistungsprüfung geht, Sie möchten, dass das Pferd genau zu diesem Zeitpunkt in Topform ist. Wer das Pferd für bestimmte Anlässe in Hochform zu bringen weiß und diese Formhochs immer wieder neu zu beleben versteht, hat über lange Zeit hinweg ein topfittes Pferd.
Dabei können Sie sich auf allen Ebenen einer Methode bedienen, die im Englischen *peaking and tapering* genannt wird. Eigentlich ist sie für anspruchsvollere Wettkämpfe wie mittelschwere Vielseitigkeitsprüfungen und noch schwierigere Anforderungen gedacht. Sie kann dennoch in allen Stadien angewendet werden:
- Einige Wochen vor dem entscheidenden Tag wird mit dem »Aufladen« begonnen und das Training wesentlich verschärft.

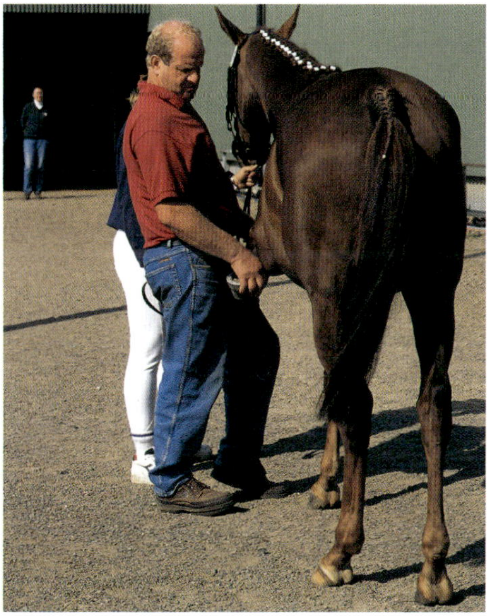

Zur Verfassungsprüfung gehört im Zweifelsfall unter anderem die Beugeprobe durch den Tierarzt.

Um eine Leistungsprüfung physisch und psychisch gut zu überstehen, sollte das Pferd eine gute Grundkondition besitzen und die Wochen vor der Prüfung ausgiebig trainiert worden sein.

- Etwa fünf bis zehn Tage vor dem Wettkampf bringen Sie das Pferd mit anstrengender Arbeit in eine Topverfassung. Das Pferd muss dabei 50 Prozent mehr Arbeit als am Wettkampftag leisten. Das bedeutet für ein Pferd, das an einer Leistungsprüfung teilnimmt, dass es den gesamten Ablauf und noch einiges mehr übt. Steigern Sie die Trainingsbelastung als Vorbereitung für die psychische Anspannung, die das Pferd zusätzliche Kraft kosten wird. Dieser Ablauf wird *peaking* genannt.
- Die verbleibenden Tage bis zum Wettkampf verrichtet das Pferd keine schwere Arbeit mehr, sondern wird nur durch leichte Schritt- und Trabarbeit geschmeidig gehalten. Dadurch bekommt es die Möglichkeit, wirklich »den Akku aufzuladen«. Das ist *tapering*.

Mit diesem Aufladen erreicht das Pferd schnell seine Topform, falls ein Wettkampf vor der Tür steht. Das ist besonders bei Jungpferden wichtig, die nicht gewohnt sind zu reisen und für die eine neue Umgebung eine zusätzliche Belastung darstellt. Wird das Pferd zu stark ermüdet, riskiert man, dass einzelne gute Leistungen von Perioden abgelöst werden, in denen sich das Pferd etwas träge und nicht gerade engagiert zeigt. Versuchen Sie statt dessen eine gewisse Anzahl von gleichmäßigen Formhochs zu erzielen und die Wettkampfsaison dadurch hinauszuziehen.

Nach erfolgter Leistung sollte sich das Pferd durch Spazierritte im Schritt am langen Zügel mindestens eine Woche lang erholen dürfen. Die Gestaltung der Erholungspause hängt ganz davon ab, wie sehr das Prüfungsniveau das Pferd angestrengt hat, wie es die Reise überstanden hat und wie es sich in einem fremden Stall zurechtgefunden hat.

Zusammenarbeit mit Profireitern

Es wird immer üblicher, sein Pferd bei Wettkämpfen und Prüfungen einem Profireiter zu überlassen. Das hat den Vorteil, dass der Besitzer dann das Pferd rundum betreuen und vorbereiten kann. Manchmal wird es für das Abschlusstraining einige Wochen weggegeben, unter anderem damit das eine oder andere Detail noch eingeschliffen werden kann.

Sorgen Sie beim Wechsel in einen anderen Stall dafür, dass alles möglichst problemlos abläuft. Schicken Sie das Heu mit, an das das Pferd gewöhnt ist, denn es dauert mindestens drei Wochen, bis sich sein Verdauungsapparat auf neues Futter umgestellt hat. Lassen Sie das Pferd vor seiner Reise auch neu beschlagen. Es ist nicht sehr sinnvoll, dass Sie es kurz vor einer wichtigen Prüfung einem neuen Schmied anvertrauen.

Aufstellen von Jahres- und Saisonplänen

Um das Pferd vor den jeweiligen Wettkämpfen in Hochform zu bringen, ist zum einen ein übergreifender Jahresplan für die Aktivitäten des Pferdes nötig und zum anderen ein Saisonplan. Auch wenn die aufgestellten Pläne manchmal geändert werden, hat man doch eine größere Chance seine Vorstellungen zu verwirklichen, wenn man nach einem realistischen Plan arbeiten kann. Heutzutage herrscht das ganze Jahr über ein großes Angebot an Wettkämpfen und es ist absolut notwendig, für jedes Pferd einen individuellen Plan zu erstellen.
Die Planung sollte den zeitlichen Rahmen des Trainings abstecken und die Wettkämpfe umfassen, die entweder End- oder Teilziel sind. Setzen Sie Prioritäten und überlegen Sie sich, was am wichtigsten ist. Versuchen Sie bei Ihren Erwartungen realistisch zu bleiben.

Gehen Sie beim Training auf das Individuum ein. Groß gewachsene Pferde brauchen vielleicht etwas länger Zeit.

Jahresplan

Das vierjährige Pferd ist nun fast schon erwachsen und die Auswahl an Aktivitäten groß: regionale Turniere, eventuell auch auf Landesebene sowie Wettbewerbe für Vierjährige mit Qualifikation für die nächst höhere Turnierklasse. Im Frühjahr und Sommer geht es dann mit Turnieren für Fünfjährige weiter.

Ein Pferd mit einer guten Grundkondition hat die besten Voraussetzungen, das zu schaffen, was von ihm verlangt wird und es vor allem gut gelaunt auszuführen. Es ist stimulierend, ein Pferd zu reiten, das das Gleiche will wie der Reiter. Auch Freizeitpferden, die nur zum Vergnügen geritten werden, tut es ausgesprochen gut, wenn sie eine solide Allgemeinkondition besitzen.

Herbst

Die Herbstmonate werden genutzt, um die Kondition des Pferdes zu steigern und um es für die kommende Sommersaison fit zu machen. Unter der Voraussetzung, dass Sie planmäßig arbeiten, besteht die Möglichkeit, in einem halben Jahr das Arbeitsvermögen des Pferdes um 50 bis 100 Prozent zu steigern. Es muss einfach in einer guten Form sein, wenn es verkauft werden soll oder an Turnieren und anderen Aktivitäten teilnimmt.
Legen Sie das Training im Hinblick darauf an, dass das Pferd in einer höheren Klasse startet. Sollte es das nicht schaffen, gibt es immer noch ein anderes Turnier, an dem es teilnehmen kann. Fahren Sie mit dem Konditionstraining fort und steigern Sie den Anteil der Übungen des Krafttrainings. Zur Abwechslung wird das Pferd mit Dressurarbeit geschmeidig gehalten und gut durchgeritten. Nicht vergessen werden darf das Einüben der Springtechnik. Versuchen Sie das Pferd nach einem ausgearbeiteten Plan gleichmäßig und stetig in Gang zu halten. Dabei wechselt härtere Arbeit mit Spazierritten im Schritt ab, so dass mit dem Pferd jeden zweiten Tag trainiert wird.
Das Pferd sollte auch von einem oder mehreren anderen Reitern geritten werden. Bei der Teilnahme an Rittigkeits-Tests muss es an andere Reiter gewöhnt sein.

Wie aus der Tabelle auf der nächsten Seite hervorgeht, ist für die meisten Pferdesportarten neben der aeroben Grundkondition ein Spezialtraining nötig. Bei diesem spezifischen Training handelt es sich entweder um ein Kraft- oder ein Schnelligkeitstraining, manchmal auch um beides.

Anforderungen bei verschiedenen Pferdesportarten

Die einzelnen Pferdesportarten stellen unterschiedliche Anforderungen an Kraft und Kondition der Pferde.
Diese Pulswerte sollte ein Pferd im Training zeigen, wenn es gut vorbereitet ist:

Arbeitspuls	
Dressur	60 –160 Schläge/min.
Springen	150–200 Schläge/min.
Vielseitigkeitsprüfung, Geländeprüfung	170–200 Schläge/min.
Fahren, Marathonteil	145–200 Schläge/min.
Distanzreiten	Selten über 150 Schläge/min., aber maximale Ausdauer erforderlich
Westernreiten	Kurze Explosionen anaerober Aktivität, die 200 Schläge/min. übersteigen

(Quelle: Prof. Hilary M. Clayton, Kanada)

Kraft und Ausdauer werden durch ein Krafttraining, das dreimal wöchentlich stattfindet, geschult. Wenn das Pferd in dieser Aufbauphase schon weiter fortgeschritten ist und die Trainingseinheiten immer anstrengender werden, können sie auf zweimal pro Woche reduziert werden. Dann sollte das Pferd Gelegenheit für eine längere Erholungspause bekommen. Vergessen Sie nie, dass alle Pferde verschieden sind und daher jedes Training individuell angepasst werden muss.
Das Krafttraining ist unterschiedlich angelegt, je nachdem an welcher Wettkampfart das Pferd teilnimmt. Gehen Sie genau die Bewegungen durch, aus denen sich die Prüfungsaufgabe zusammensetzt und prüfen Sie, welche Muskelgruppen des Pferdes dabei beansprucht werden. Wird hier Kraft oder Ausdauer gefordert? Sehen Sie sich ein Video an, das zeigt, wie das Pferd seinen Körper im Wettkampf einsetzt, und versuchen Sie Übungen für die Kräftigung dieser Muskeln zu finden.

Die Muskeln von **Springpferden** arbeiten hart, aber nicht so lange, wie bei einem Pferd, das auf der Rennbahn läuft. Deshalb ist für Springpferde ein hoch intensives Training mit wenig Wiederholungen vonnöten. Das Pferd muss wirklich ganz aktiv arbeiten, ohne im Geringsten nachzulassen.

Dressurpferde arbeiten mit gemäßigter Intensität und wiederholen die gleiche Übung viele Male. Das führt zu einem Dehneffekt bei den Muskeln, die deshalb nicht nur ausdauernd, sondern auch stark sein müssen.
Das Dressurpferd bewegt sich über eine längere Strecke hinweg als man gemeinhin annimmt. Bei einer Grand-Prix-Aufgabe legt es über 1100 Meter zurück. Deshalb sollte auch seine Allgemeinkondition gut sein. Obwohl die Dressur meist in aerober Form abläuft, kann sich bei dem Pferd Milchsäure in den Muskeln bilden, weil solche Aufgaben viele, dicht gedrängte Übergänge beinhalten. Eine gute Vorbereitung dafür sind Gymnastiksprünge (siehe dazu den Abschnitt »Gymnastikspringen« auf Seite 105).

Vielseitigkeitspferde müssen in jeder Beziehung gut durchtrainiert sein. Sie brauchen Ausdauer, Kraft und Schnelligkeit, um alle Teilaufgaben zu bewältigen. Außer den gleichen Krafttrainingsübungen wie bei Spring- und Dressurpferden müssen Vielseitigkeitspferde zusätzlich auf Schnelligkeitsausdauer trainiert werden.

Fahrpferde sollten wie Vielseitigkeitspferde rundum gut trainiert sein. Sie müssen stark, ausdauernd und geschmeidig sein. Damit das Fahrpferd für Wettkämpfe gerüstet ist, sollte es über die Grundkondition hinaus spezielle Fähigkeiten besitzen, um den Wagen in unwegsamem Gelände und auf den unterschiedlichsten Böden ziehen zu können. Fahrpferde werden unter dem Reiter und vor dem Wagen trainiert. Beim Reiten wird vor allem Dressur und Galopp geübt.

Distanzreitpferde werden mit dem Ziel trainiert, eine maximale Ausdauer und eine gewisse Kraft zu erreichen.

Verschiedene Arten von Training

Kraft wird in den Muskeln durch hohe Arbeitsintensität, das heißt durch eine kurzfristige, heftige Anstrengung trainiert. Eine Intensitätssteigerung erzielt man durch vermehrten Widerstand oder erhöhte Kraftanstrengung.

Ausdauer wird dagegen in den Muskeln durch wiederholte, nicht maximale Muskelanspannung erreicht. Beim Training von Ausdauer ist ein niedrigerer Grad an Intensität bei der Muskelanspannung vonnöten, dafür aber mehrfache Wiederholungen. Das Training wird durch ständiges Wiederholen gesteigert.
Den unterschiedlichen Trainingseffekt zeigt folgendes Beispiel: Beim Erklettern eines kurzen, sehr steilen Hangs wird die Kraft in den Muskeln trainiert. Dagegen wird die Ausdauer gestärkt, wenn sich das Pferd langsam eine lange Steigung hinaufbewegt.

Tipps für Übungen

Auf- und Absprünge sind ein gutes, effektives Training. Dafür eignen sich Strandwälle oder Böschungen. Entwickeln Sie einfach etwas Fantasie bei der Gestaltung des Trainings und bedienen Sie sich der Gegebenheiten Ihrer Umgebung. Ihr Pferd dankt Ihnen ein abwechslungsreiches Training mit Ausgeglichenheit und guter Laune.

Die Muskeln der Hinterhand werden trainiert, wenn das Pferd Strandwälle oder Böschungen hinauf- und hinunterspringt. Das ist besonders für Spring- oder Fahrpferde nützlich. Die Mimik des Pferdes verrät, dass es Spaß daran hat.

Wenn das Pferd einen steilen Hang hinuntergeht, aktiviert es die gleichen Muskelgruppen wie bei der Versammlung. Das ist eine gute Übung für Dressurpferde.

Einen Hang hinaufzuklettern ist für alle Pferde so effektiv, dass jeder, der in einer flachen Gegend wohnt, sein Pferd zu einer geeigneten Anhöhe transportieren sollte.

Bergab reiten ist gut für ein Pferd, das die Versammlung üben muss. Wenn das Pferd einen steilen Hang hinuntergeht, balanciert es auf der unter den Körper geschobenen Hinterhand. Diese Bewegung entspricht der Versammlung. Werden diese Muskeln an Hängen trainiert, fällt es dem Pferd leichter, sich auf dem Dressurzirkel zu versammeln. Gehen Sie im Schritt abwärts und halten Sie öfter am Hang an. Das stärkt die Kraft, verbessert das Gleichgewicht und das Training wird effektiver.
Da ein sehr steiler Abstieg im Schritt eine starke Muskelanspannung zur Folge hat, muss sich das Pferd nach diesem Einsatz ausgiebig erholen und in ganz entspannter Form laufen dürfen.

Das Klettern kann in allen Gangarten erfolgen. Der beste Effekt wird jedoch im Schritt und Galopp erzielt. Wenn das Pferd einen steilen Hang hinaufgeht, werden die Beine gestärkt, da das gesamte Körpergewicht hintereinander auf jeweils einem Bein liegt. Beim Galopp werden die beiden Hinterbeine gleichzeitig trainiert.
Im Trab einen Hügel hinaufzuklettern ist eine gute Übung für Distanz- und Fahrpferde, da ihre Prüfung unter anderem aus so einer Disziplin besteht.

Beim **Stufenspringen** erklimmt das Pferd in zwei bis drei Sprüngen den Hügel. Damit kann explosive Kraft in den Hinterbeinen trainiert werden.

Gymnastikspringen. Die Springtechnik sowie die Muskeln, die das Pferd beim Überspringen gebraucht, werden unter anderem durch Gymnastiksprünge an einer Reihe von niedrigen Hindernissen trainiert. Dabei gibt es viele Variationsmöglichkeiten. Beispielsweise kann die Hindernisserie auf einen Zirkel oder Bogen gelegt werden, so dass das Pferd in der Biegung springen muss. Trainieren Sie auch, dass das Pferd auf einem festgelegten Punkt abspringt und auf einem bestimmten Vorderbein aufsetzt. Wenden Sie die Methode von John Whittaker und Geoff Billington an und legen Sie ein Blatt Papier vor das Hindernis. Darauf muss das Pferd mit einem bestimmten Vorderbein abspringen. Trainieren Sie das mit dem Pferd auf beiden Händen.

Springgymnastik für Dressurpferde. Mit in einer Reihe angeordneten, etwa 70 Zentimeter hohen, einfachen Hindernissen wird bei Dressurpferden die Ausdauer der Hinterhandmuskulatur trainiert und gesteigert. Legen Sie das Ganze als Intervallübung an: Springen Sie die Reihe fünfmal mit dazwischenliegenden Erholungspausen im Trab. Darauf folgen 10 Minuten Lockerungsübungen und daran schließen Sie nochmal eine Intervallübung an. Die Intensität wird durch zusätzliche Hindernisse oder Runden gesteigert. Die Hindernisse müssen nicht höher gestellt werden, da nicht die Kraft in den Muskeln, sondern ihre Ausdauer trainiert werden soll.

Reiten/Fahren im Wasser oder tiefen Schnee sind Formen eines Krafttrainings, die zur Anwendung gelangen sollten, wenn die Möglichkeit dazu besteht. Das ist sehr nützlich für die Muskulatur und zeigt einen großen Effekt, ohne dass die Beine dabei allzu stark angestrengt werden.

Zug-Gewichtstraining bedeutet, dass das Pferd einen Wagen mit angezogenen Bremsen oder einen besonders schweren Wagen ziehen muss. Dieses Training ist sehr effektiv und führt zu schnellen Veränderungen in der Muskulatur. Es sollte langsam, in kurzen Intervallen und mit stufenweiser Steigerung des Gewichts ausgeführt werden.

Beginnen Sie erst mit einem Krafttraining, wenn das Pferd vollständig aufgewärmt ist. Das dauert etwa 20 Minuten.

Formeln für ein Intervalltraining

Das Krafttraining kann als aerobes Training (Arbeitspulsniveau 160 Schläge pro Minute und darunter) angelegt werden oder als anaerobes (Arbeitspulsniveau rund 180 Schläge pro Minute). Das hängt ganz vom Widerstand sowie der Intensität und Dauer ab. Der bekannte Forscher auf dem Gebiet der Trainingsphysiologie, Prof. Hilary M. Clayton, meint, dass die Intervalle je

nachdem, ob sie aerob oder anaerob sind, auf verschiedene Weise angelegt werden müssen. Beim aeroben Training dauert die Erholungsphase genauso lange wie die Übungen, das Verhältnis beträgt 1:1. Dagegen ist bei der anaeroben Trainingsphase eine fünf- bis sechsmal längere Erholungspause nötig. Das Verhältnis von Belastung und Pause lautet 1:5 oder 1:6.
Da das Intervalltraining sehr effektiv ist, müssen Sie äußerst genau darauf achten, dass sich das Pferd auch auf die richtige Weise und in der richtigen Form bewegt. Sonst werden die Muskelgruppen gestärkt, die nicht arbeiten sollen wie beispielsweise die Unterseite des Halses, wenn das Pferd die ganze Zeit gegen den Zügel geht.
Festigen Sie die Rittigkeit des Jungpferdes durch regelmäßige Dressurarbeit.
Beim Intervalltraining über Hindernisse wird zuerst die Anzahl der Intervalle gesteigert und dann die Höhe der Hindernisse.

Eine ungewöhnliche Form von Führmaschine, die gleich mehrere Funktionen erfüllt: Außer dass das Pferd nach der Arbeit im Schritt läuft, werden seine Beine gekühlt und die Schlackenstoffe aus den Muskeln geschwemmt, da das Pferd bei jedem Schritt seine Beine kräftig heben muss.

Verschiedene Hilfsmittel

Gewichte

Reiten mit Gewichten erhöht den Pulsschlag und verbessert eindeutig die Kondition. Die Gewichte werden auf verschiedene Weise angebracht, beispielsweise in Form von Gewichtsmanschetten oder Gewichtssatteldecken. Die Gewichtsmanschette gleicht einer Streichkappe, wobei in einem Fach kleine Gewichtsstäbe stecken. Das Pferd muss nun mit immer schwereren Gewichten an einem oder mehreren Beinen gehen. Dabei wird der gleiche nützliche Effekt erzielt wie beim Stapfen des Pferdes durch den Schnee. Wichtig ist, sich an die Trainingsempfehlungen zu halten und die Gewichte nicht zu schnell zu erhöhen. Sonst könnte das Pferd Muskelkater bekommen und arbeitsunwillig werden.
In der Gewichtssatteldecke befinden sich Taschen für schwerere Gewichte. Diese Übung kann mit dem Zug-Gewichtstraining verglichen werden, bei dem das Pferd einen schweren Wagen oder einen mit angezogener Bremse ziehen muss. So ein anstrengendes Training ist sehr effektiv, wenn es in kurzen Intervallen mit sukzessiver Steigerung und bei sorgfältiger Überwachung des Pulses betrieben wird.

Führmaschine

Eine funktionelle und gut gebaute Führmaschine kann sowohl zum Aufwärmen des Pferdes vor der Arbeit als auch zum Entspannen danach eingesetzt werden. Manche Pferde fühlen sich in der Führmaschine sehr wohl und gehen ganz entspannt darin. Sie sollte so konstruiert sein, dass die Pferde frei darin laufen können und der Boden weder rutschig noch asphaltiert ist. Lassen Sie das Pferd niemals ohne Beaufsichtigung in der Führmaschine. Es könnte stolpern, umfallen und sich in den Gittern verfangen.
Auf dem Bild oben sehen Sie ein exklusives Modell einer Führmaschine, in der die Pferde in 30 Zentimeter tiefem Wasser gehen. 20 Minuten im Schritt nach einem anstrengenden Training darin zu waten, ersetzt zum einen die traditionelle Kühlung der Beine und den Schritt am hingegebenen Zügel. Zum anderen trägt es dazu bei, dass die Schlackenstoffe aus den Muskeln geschwemmt werden und das Pferd keinen Muskelkater bekommt.

Die Führmaschine ist ein geeignetes Hilfsmittel, wenn das Modell gut ist und die Pferde darin frei laufen können. Der Boden sollte weder rutschig noch asphaltiert sein.

Pulsmesser

Der Pulsmesser wurde bereits auf Seite 50 erwähnt. Es handelt sich dabei um eine Platte, die auf der Satteldecke oder am Geschirr befestigt wird und die Herzfrequenz des Pferdes registriert. Diese kann anschließend auf einer Art Armbanduhr abgelesen werden. Durch den Pulsmesser erfahren Sie unmittelbar, wie hoch der Arbeitspuls des Pferdes ist. Das Messgerät ist ein sehr wichtiges Hilfsmittel bei jedem ernsthaften

Tierärztlicher Rat

Wettkampfplanung für Stuten. Manche Stuten sind während der Rosse schwierig zu reiten. Notieren Sie sich die Rossezyklen bei solchen Stuten und versuchen Sie in dieser Zeit ein anstrengendes Training für ein Turnier zu vermeiden. Werden sie zu solchen Zeitpunkten unter Druck gesetzt, kann sich ihre Unausgeglichenheit und psychische Instabilität nur noch verschlimmern.

Wenn die Stute auf alle Arten von Umgebungswechsel mit Rosse reagiert und schnell in Wut gerät oder leicht reizbar ist, sollte unbedingt die Ursache herausgefunden werden. Lassen Sie als Erstes eine gynäkologische Untersuchung vornehmen, um zu sehen, ob ein physisches Problem vorliegt. Bei manchen Stuten bilden sich in den Eierstöcken Zysten oder es finden andere Veränderungen statt, die diese Symptome hervorrufen. Es kann aber auch eine hormonelle Störung in Form einer Überproduktion an Östrogen vorliegen. Die Rosse wird dann mit Hilfe von Spritzen zeitlich verschoben. Bei wiederholten Eingriffen besteht jedoch ein gewisses Risiko, dass es zu einer Gebärmutterentzündung kommt.

Es gibt Hormonpräparate, die der Stute helfen, wieder in ihren richtigen Rossezyklus zu finden. Allerdings sind sie sehr teuer und werden oft nur einmal eingesetzt. Es ist übrigens heutzutage verboten, mit einer hormonbehandelten Stute bei einem Turnier anzutreten. Erkundigen Sie sich genau über die geltenden Regeln!

Da bei einigen Stuten eine positive charakterliche Veränderung auftritt, nachdem sie ein Fohlen bekommen haben, kann Decken eine Möglichkeit sein, die Probleme dauerhaft zu lösen.

In einzelnen Fällen werden ausgesprochen bösartige Stuten sterilisiert. Das ist ein teurer Eingriff, kann aber ein Ausweg sein, wenn man ein hochwertiges Zuchtpferd besitzt, das nicht voll einsetzbar ist. Die Hoffnung auf Nachkommenschaft kann sich dann natürlich nicht erfüllen. Die Forschung beschäftigt sich seit langem mit der Blockierung der Hormonausschüttung, aber es gibt bis heute kein entsprechendes Präparat auf dem Markt.

Die Hufe nicht vergessen! Die Hufe sind ein unglaublich wichtiger Teil des Pferdes, fast könnte man sagen das zweite Herz. Eine ihrer Funktionen ist die einer Pumpe für den Blutkreislauf, nicht nur in den Hufen, sondern auch das Bein hinauf. Die anderen Aufgaben bestehen darin, das Gewicht des Pferdes zu tragen, als Stoßdämpfer zu fungieren, Abnützung zu ertragen und beim Rutschen Halt zu geben.
Die äußere Schutzschicht besteht aus Horn. Innen befinden sich das Hufbein und blutgefäßreiches Gewebe, die Hornkapsel.
Drei Punkte sind wichtig für eine gute Hufpflege:
1. Halten Sie das Horn feucht. Das geschieht durch einen guten Blutkreislauf (der Strahl sollte den Boden berühren) und dadurch, dass sich das Pferd auf einem festen Boden bewegt. Wirkt das Horn trocken, wird es mit Wasser befeuchtet. Verwenden Sie kein Huffett, das hat den gegenteiligen Effekt. Lassen Sie das Pferd mit den Hufen im Wasser stehen. Stecken Sie die Hufe jeden Tag eine halbe Stunde in nasse Hufschuhe aus Filz oder einem anderen absorbierenden Material oder streichen Sie feuchten Hufton auf die Hufe. Eine Beigabe von Biotin wirkt positiv bei spröden Hufen.
2. Kratzen Sie Pferden, die im Stall stehen, täglich die Hufe aus. Das sollte vor dem Reiten geschehen. Danach suchen Sie die Hufe nur noch nach kleinen Steinen ab. Halten Sie die Einstreu sauber und trocken, um die Hufe vor Strahlfäule zu schützen.
3. Suchen Sie sich einen wirklich guten Hufschmied und lassen Sie nicht allzu lange Zeit zwischen dem Beschlagen verstreichen. Die Zeitabstände variieren zwar von Pferd zu Pferd, sollten sich aber in einem Zeitraum von sechs bis acht Wochen bewegen. Heutzutage gibt es viele verschiedene Arten von Beschlägen, so dass Sie sicher eine individuelle Lösung für jedes einzelne Pferd finden können. Lassen Sie das Pferd manchmal auch barhuf gehen.

Trittverletzungen am Kronrand oder an den Ballen entstehen, wenn Pferde sich gegenseitig treten, beim Reiten in schwierigem Gelände oder bei Transporten. Hat sich das Pferd so getreten, dass Stücke aus dem Horn gebrochen sind, sollte das gesamte Horn weggeschnitten werden, um die Wunde ordentlich säubern zu können. Sonst kann es zur Bildung von tiefen Wundtaschen kommen. Dabei geht die Verletzung nach innen und es bildet sich ein Hufgeschwür. Beugen Sie Trittverletzungen vor und legen Sie dem Pferd stets Transportbandagen an. Transportieren Sie niemals ein Pferd, das mit Stollen beschlagen ist. Pferde, die so eine Bewegungsmechanik besitzen, dass sie sich oft treten, sollten Ballenschützer beim Training tragen.
Wiederholte Trittverletzungen am Kronrand führen zu Rissen im Horn. Bei der schlimmsten Variante kommt es zu Blutungen und diese erstreckt sich bis zum Kronrand. Das ist äußerst schmerzhaft für das Pferd und führt zu Lahmheit. Ein großer und breiter Riss im Horn muss geöffnet werden, damit Kies und Schmutz entfernt werden können. Danach wird ein Druckverband beispielsweise aus Gips aufgelegt. Nach ein bis zwei Wochen beginnt der Riss sich wieder zu schließen und das Pferd kann beschlagen werden. Vorsicht ist geboten, wenn mit dem Pferd gearbeitet wird, bevor der Huf wieder ganz nach unten gewachsen ist. Wie lange das dauert, bis das Horn wieder in Ordnung ist, variiert von Pferd zu Pferd und hängt von seinem Hornwuchs ab. Es kann jedoch eine lange Zeit dauern. Risse im Horn sind auf schlechte Hornqualität zurückzuführen und diese ist erblich. Kontrollieren Sie deshalb die Hufe sehr gründlich bei Pferden, die für die Zucht ausgesucht werden.

Traben auf Asphalt stärkt die Beine des Pferdes, wenn es fachmännisch durchgeführt wird. Das Pferd muss aufgewärmt sein, sich im Gleichgewicht bewegen und Reitbandagen tragen.

Konditionstraining. Zugegeben, es ist eine ziemlich teure Investition. Mancherorts löst man das Problem so, dass mehrere Personen das Gerät gemeinsam kaufen und sich gegenseitig ausleihen.

Trainieren auf Turnierboden

Wenn der Körper des Pferdes auf alle Belastungen vorbereitet wird, die bei einem Turnier auf ihn zukommen können, verringert sich das Risiko von Muskelschmerzen, Muskelrissen oder Überanstrengung. Dagegen steigen die Chancen beträchtlich, das Pferd die gesamte Wettkampfsaison über in guter Form zu halten.
Ein Pferd, das Wettkämpfe im tiefen Sand absolvieren soll, muss auch auf diesem Boden trainiert werden, genauso wie ein Vielseitigkeits- und Fahrpferd daran gewöhnt werden muss, im Wasser zu gehen. Bei Prüfungen müssen die Fahrpferde den Wagen sowohl durch Wasser als auch auf schwerem Boden ziehen.

Trab auf Asphalt

Zur Stärkung der Pferdebeine, vor allem der Sehnen, ist Trab auf Asphalt ausgezeichnet geeignet, vorausgesetzt der Reiter weiß, wie diese Form von Training betrieben werden muss.

Achten Sie darauf, dass Sie:

- dieses Training in die Mitte der Reitlektion legen, wenn der Pferdekörper vollständig aufgewärmt und geschmeidig ist.
Führen Sie das Traben auf Asphalt am Ende des Trainings durch, wenn das Pferd müde ist, können der Stützapparat, also die Muskulatur, die Sehnen und die Bänder, die Stöße nicht mehr ausreichend abfedern und es kann zu Verletzungen kommen.
- die Trabpassage nach und nach verlängern. Stoppen Sie die Zeit. Es ist sehr wichtig, dass eine allmähliche Gewöhnung erfolgt, so dass die Sehnen und Muskeln sich den höheren Anforderungen anpassen können.
- stets Stützbandagen, so genannte Reitbandagen, für diese Form von Training bei sich haben. Wie sie angelegt werden, erfahren Sie auf der Seite 86. Nehmen Sie die Bandage sofort nach dem Training ab und massieren Sie das Bein ein wenig, um den Blutkreislauf wieder voll in Gang zu bringen.
- das Pferd gut beschlagen lassen. Wenn der erste Stoß unten vom Huf nicht richtig abgefedert werden kann, wird er weiter oben im Bein des Pferdes abgefangen und das führt zu einem unnötigen Verschleiß der Gelenke.
- das Pferd im Gleichgewicht im richtigen Tempo reiten.

Pflege nach dem Training

Die Beine des Pferdes kühlen

Nach anstrengender Arbeit sollten die Beine des Pferdes gekühlt werden, damit sich die Blutgefäße, die sich bei jeder Form von Anstrengung erweitern, wieder zusammenziehen.
Durch die Kühlung verringert sich die Gefahr von Sehnenschäden und es wird verhindert, dass sich kleine Reizungen zu Verletzungen entwickeln.
Die Kühlung können Sie auf verschiedene Art vornehmen. In der Regel jedoch spülen Sie die Beine mit kaltem Wasser ab oder streichen kühlenden Lehm auf. Der Lehm wird vorn bis hinauf über das Karpalgelenk und hinten über das Sprunggelenk gestrichen und sollte solange aufgetragen bleiben, bis er trocknet und abfällt. Er wirkt wie ein Wärmewechsler, indem er die Wärme vom Pferdebein aufnimmt und sie an die Luft abgibt.
Um einen entsprechenden Effekt mit kaltem Wasser zu erzielen, müssen Sie die Beine mindestens 10 Minuten bespritzen.

Bei Pferden mit Stellungsanomalien wie beispielsweise O-Beinigkeit sollten die Beine auch schon bei kleineren Anstrengungen gekühlt werden. Dabei sind sehr stark beanspruchte Partien besonders zu beachten. Es geht dabei vor allem um die Sprunggelenke. Hält man sich sorgfältig an diese Hinweise zur Pflege, bleibt das Pferd lange gesund.

Dehnübungen

Regelmäßige Dehnübungen halten die Muskulatur des Pferdes geschmeidig. Dehnen bedeutet, dass ein Muskel mindestens 15 Sekunden in ausgestreckter Lage gehalten wird. Der Muskel wird dabei gedehnt, sollte aber nicht überdehnt werden.
Dehnübungen tragen dazu bei, die Muskeln elastisch zu halten und auch psychisch verursachte Spannungen in ihnen zu lösen. Außerdem können die antagonistischen Muskeln (die eine Bewegung in die entgegensetzte Richtung ausführen) trainiert werden, denn sie sind oft schwach und werden nicht ausreichend beansprucht. Die im Training angespannten Muskeln werden durch Dehnübungen weich und elas-

Dehnübung mit dem Vorderbein. Hier werden die Unterseite des Vorderbeins und die Halsmuskeln gedehnt.

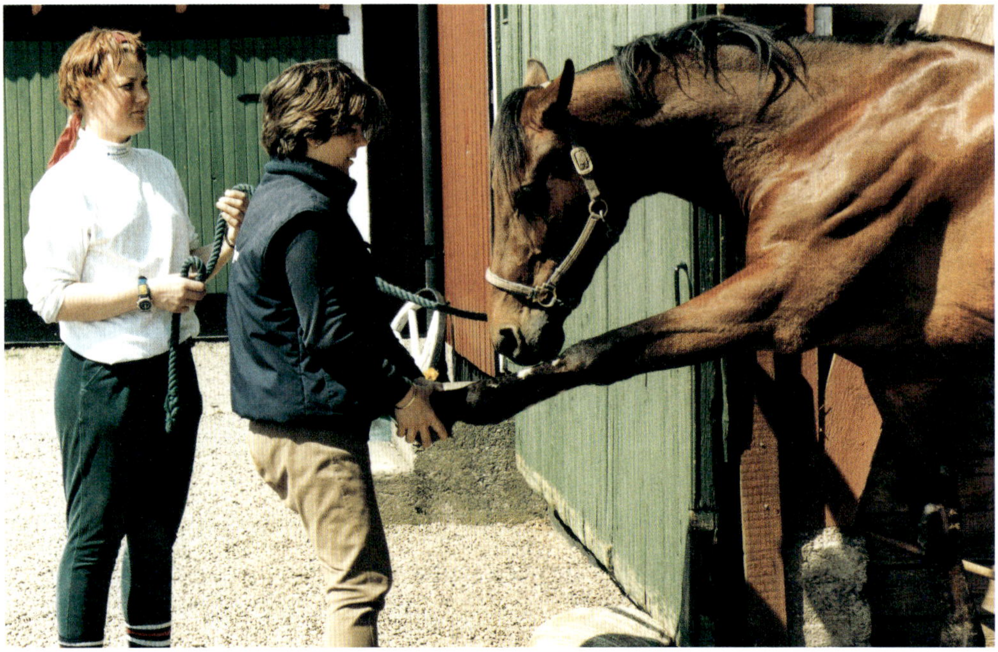

tisch. Die Ausführung der Seitwärtsbewegungen und die Erhöhung der Schrittlänge können dem Pferd wesentlich erleichtert werden, wenn die Geschmeidigkeit in den Muskeln trainiert wird, die bei diesen Bewegungen zur Anwendung kommen.

Die Dehnübungen beim Pferd sehen folgendermaßen aus: Die Vorder- bzw. Hinterbeine werden nach vorn, außen und hinten gestreckt, der Hals sowie der Nacken seitwärts und nach vorn beziehungsweise nach unten. Beim Hals- und Nackentraining halten Sie einen Leckerbissen wie zum Beispiel einen Apfel oder eine Möhre ungefähr in Höhe des Widerrists beziehungsweise mitten zwischen die Vorderbeine und lassen das Pferd sich danach dehnen. Je geschmeidiger das Pferd wird, desto länger kann der Abstand werden.

Darauf ist bei Dehnübungen zu achten:

- Die Muskeln müssen gut aufgewärmt sein, bevor mit den Übungen begonnen wird. Das Pferd sollte sich vorher erst 15 bis 20 Minuten bewegen. Setzen Sie deshalb die Dehnübungen nach der Reitlektion an, innerhalb von 30 Minuten nach Ende des Trainings.
- Das Pferd muss gerade auf den Beinen stehen, wenn die Bewegungen ausgeführt werden. Es sollte kein Unbehagen zeigen oder sich wehren. Binden Sie es nicht an, damit es keinen Zwang spürt.
- Gehen Sie stets auf die entgegengesetzte Seite und führen Sie die gleiche Bewegung aus, während das Gefühl im vorigen Bein noch vorherrscht.
- Um einen wirklich guten Dehnungseffekt zu erzielen, sollten Sie regelmäßig an fünf bis sechs Tagen in der Woche die Dehnübungen vornehmen und zwar nach allen anstrengenden Arbeitsabschnitten.
- Dehnen Sie die Muskeln mindestens 15 Sekunden in jeder Position.
- Stellen Sie das Bein nach jeder abgeschlossenen Dehnübung nieder. Lassen Sie es nicht nachlässig auf den Boden fallen. Das Pferd könnte das als unangenehm empfinden.
- Achten Sie stets auf die Psyche des Pferdes und beobachten Sie, wie es reagiert. Nach ein bis zwei Wochen sollte es gelernt haben, worauf es bei den Dehnübungen ankommt und die Bewegungen ohne Schwierigkeiten ausführen. Die

Bei dieser Übung werden die Muskeln an der Rückseite des Oberschenkels gedehnt.

Im Winter darf das Pferd einige Wochen ausspannen.

optimale Position für jede Übung erreicht man oft erst nach einigen Monaten regelmäßig ausgeführter Dehnübungen.

- Diese Art von Übungen sind mühsam. Beginnen Sie entspannt und versuchen Sie eine Arbeitsstellung zu finden, die Ihren Rücken entlastet. Bitten Sie anfangs einen Helfer, das Pferd zu halten und es bei den Dehnübungen an den Hinterbeinen zu stützen.

Massage

Im Humansport ist es eine Selbstverständlichkeit, dass Masseure Muskelverspannungen bei den Sporttreibenden lösen und den Blutkreislauf in den Muskeln anregen. Da ein trainierendes Pferd mit einem Sportler oder Athleten vergleichbar ist und außerdem zu 45 Prozent aus Muskeln besteht, ist die Massage ein wichtiger Teil des Trainings.
Ihre Aufgabe ist es, die Muskulatur geschmeidig zu halten, den Abbau von Schlackenstoffen zu fördern und durch Abwehrhaltungen hervorgerufene Verspannungen zu lösen. Wird die Behandlung fachmännisch ausgeführt, genießen die Pferde sie sehr. Das ist auch eine gute Methode, ein gestresstes Pferd zu entspannen.
Sie können die größeren Muskelgruppen selbst mit den Fingerspitzen oder einem Massagehandschuh mit Gumminoppen massieren. Eine Tiefenmassage sollte dagegen von jemandem vorgenommen werden, der die Technik beherrscht und weiß, in welchem Zustand ein Pferd nicht massiert werden darf, beispielsweise wenn es Fieber hat oder schmerzstillende Medikamente erhält. In der Regel werden nur fieberfreie Tiere massiert. Das geschieht auf verschiedene Weise und hängt davon ab, welche Muskelgruppen erreicht werden sollen.

Winter

Planen Sie nach etwaigen Finalturnieren Ruhepausen ein. Irgendwann zwischen Dezember und Februar ist eine günstige Zeit, das Pferd ein paar Wochen ausspannen zu lassen. Dabei sollte es sich möglichst viel draußen aufhalten. Unternehmen Sie ein- bis zweimal in der Woche lange Spazierritte im Schritt am langen Zügel.
Nun ist auch Zeit für die Impfungen und das Scheren und eine gute Gelegenheit, die gesamte Ausrüstung zu überprüfen.

Tierärztlicher Rat

Hautknoten können im Winterhalbjahr entstehen. Eine einzelne, nicht schmerzende Beule, die sich zuerst an der Sattelstelle bildet und dann allmählich auf den Rücken ausweitet, stammt oft von einer Entzündung der Talgdrüsen. Ursache dafür ist eine Verstopfung im Talgdrüsengang. Wäscht man die Stellen mit Alsolsprit, trocknet der Knoten aus. Wenn das nicht hilft, muss der Tierarzt eventuell Kortison verabreichen.
Häufig verursachen Schweißablagerungen oder zusammengedrückter Schmutz und Staub unter der Sattel- oder Nierendecke diese Knoten. Vielleicht wird das Pferd im Winter auch nicht so oft gewaschen und es bleibt mehr Schmutz im Fell zurück, der dann antrocknet. Um diesen Knoten vorzubeugen, waschen Sie das Pferd mit einem Schwamm ab, wenn es geschwitzt hat und striegeln es dann gründlich mit einer dichten Bürste in festen, regelmäßigen Strichen.
Darüber hinaus sollten Sie Textilsatteldecken regelmäßig waschen. Lederne Satteldecken werden nach jedem Ausritt zum Trocknen aufgehängt, um Staubansammlungen zu verhindern.
Es gibt noch eine andere Form von Hautknoten. Sie verbreiten sich in großer Anzahl rasch über den ganzen Körper. Das ist aber eine futterbedingte Reaktion. Eine veränderte Futtergabe schafft da schnelle Abhilfe.

Frühjahr

Nun sollte der Viereinhalbjährige so gut vorbereitet sein, dass er schnelles Arbeiten aushält. Deshalb beinhaltet das Programm im Frühjahr:

- Schnelligkeitstraining – verschiedene Formen von Intervallen und Sprints.
- Pferdeleistungsprüfungen für Jungpferde.
- Ein bis zwei Wochen vor der Turniersaison im Sommer psychische und physische Erholung.

Schnelligkeitstraining

Guter Boden. War die Bodenbeschaffenheit früher schon sehr wichtig, dann gilt das beim Schnelligkeitstraining umso mehr. Diese Art von Training birgt stets ein hohes Risiko in sich und es ist wichtig, auf einem ebenen, festen Boden zu reiten, der weder zu weich noch zu hart ist. Ein normaler Sandstrand (der nicht für Badende reserviert ist) oder ein Waldweg mit unterschiedlichem Boden kann dazu geeignet sein. Es gibt auch Trainingszentren, die Galopptraining auf dafür angelegten Bahnen anbieten.

Galopp in der Gruppe. Oft sind die Pferde enorm begeistert und finden es aufregend, in der Gruppe mitzugaloppieren. Das kann das phlegmatischste Pferd mitreißen. Auch wenn Sie nicht an einem Rennen teilnehmen wollen, sind diese Trainingsläufe eine ausgezeichnete Möglichkeit, die Lungen und das Herz des Pferdes zu stärken. Beim Galopptraining in der Gruppe sollten die Pferde ein Martingal tragen, da sie häufig ganz schön kräftig »pullen«.

Messen Sie vor einem Schnelligkeitstraining immer zuerst die Körpertemperatur!

Allgemeines Galopptraining

Die Galopparbeit wird auf verschiedene Weise betrieben, je nachdem in welche Richtung hin das Pferd trainiert werden soll. Wollen Sie nur eine Grundkondition aufbauen und die Lungen- und Herzkapazität des Pferdes für einfache Anstrengungen stärken, muss das Tempo nicht so hoch sein.
Für Spring- und Vielseitigkeitspferde sind höheres Tempo und mehr Trainingseinheiten erforderlich, um den entsprechenden Effekt zu erzielen.

Anaerobes Galopptraining

Diese Art Training brauchen neben Springpferden vor allem Pferde, die bei Vielseitigkeits- und Fahrprüfungen sowie Turnieren für Westernreiten starten. Es dient dazu, die Geschwindigkeit und Lungenkapazität zu steigern.

Der Schweif wird beim Galopptraining am besten nach oben gebunden, sonst kann ihn hoch spritzender Sand beschweren. Messen Sie die Intervallstrecken im Voraus ab und kontrollieren Sie das Tempo mit der Uhr.

Beispiel für ein anaerobes Galopptraining:
Galoppieren Sie eine Minute bei einem Tempo von 600 bis 800 Metern pro Minute. Lassen Sie das Pferd mindestens 5 Minuten im Trab entspannen. Wiederholen Sie das Ganze. Danach geht das Pferd 10 bis 15 Minuten im Schritt. Anschließend werden noch zwei Läufe geritten.
Der Arbeitspuls bei so einem Intervall liegt bei etwa 170 bis 190 Schlägen pro Minute. Es ist äußerst wichtig, dass der Puls des Pferdes wirklich auf 100 Schläge pro Minute oder noch stärker gesunken ist, bevor der nächste Lauf angetreten wird.

Sprintläufe

Dabei handelt es sich um eine Trainingsmethode, die im Humansport entwickelt wurde. Sie ist sehr effektiv für die Sportarten, bei denen eine kurze Beschleunigung nötig ist, auf die dann der Absprung wie beim Weit- oder Hochsprung folgt. Beim Training mit dem Pferd reiten Sie zunächst in versammeltem Galopp, beschleunigen dann über etwa 50 bis 100 Meter und kehren anschließend wieder zum Ausgangstempo zurück.
Ein Intervall besteht aus zwei Beschleunigungen. Dazwischen wird das Pferd in losgelassenem Schritt und Trab geritten, bis der Pulswert wieder auf 100 Schläge pro Minute gefallen ist.
Beginnen Sie mit einer kurzen Beschleunigungsstrecke, etwa 50 bis 100 Meter, und steigern Sie das Training durch immer mehr Läufe, aber höchstens zehn. Danach wird die Galoppstrecke bei einigen Läufen länger. Nach fünf bis sechs Wochen Training sollte das Pferd ohne weiteres drei Beschleunigungen über 200 Meter schaffen. Das ist ein normales Niveau für Pferde in den leichten Springklassen.

Beispiel eines Intervalltrainings im Galopp für ein Pferd mit normaler Leistung

Woche	Tempo	Dauer in Min.	Ruhe (Schritt)	Anzahl Läufe
1	350 m/min.	2	etwa 2 min.	2
2	350 m/min.	2	etwa 2 min.	3
3	350 m/min.	3	etwa 3 min.	3
4	350 m/min.	4	etwa 4 min.	3
5	350 m/min.	4	etwa 4 min.	4
6	375 m/min.	4	etwa 4 min.	3
7	375 m/min.	4	etwa 4 min.	4
8	400 m/min.	4	etwa 4-8 min.	3

Der Arbeitspuls liegt bei 130 bis 160 Schlägen pro Minute und bewegt sich innerhalb des aeroben Trainingsniveaus. Vor einem neuen Lauf muss der Puls auf 100 Schläge pro Minute oder tiefer gefallen sein. Für bestimmte Pferde kann eine längere Pause im Schritt nötig werden als in der Tabelle angegeben.

Wie lange ein Pferd braucht, um das Trainingsziel zu erreichen, ist ganz individuell. Aber durch das regelmäßige Messen des Pulses können Sie die Fortschritte Ihres Pferdes bestens kontrollieren.

Achtung! Das Training wird erst durch eine erhöhte Anzahl von Läufen und dann tempomäßig gesteigert.

Schafft das Pferd noch einen Lauf? Der Puls gibt zuverlässig Auskunft und kann mit Hilfe des Stethoskops kontrolliert werden.

Das Tempo in der Beschleunigungphase sollte so hoch sein, dass der Arbeitspuls bei 160 bis 170 Schlägen pro Minute liegt.

Sommer

Mit der Teilnahme an Qualifizierungsklassen bei verschiedenen Turnieren beginnt die erste richtige Wettkampfsaison des Pferdes. Gehen Sie bei der Auswahl der Wettkämpfe sehr bedacht vor und versuchen Sie Turnierplätze zu finden, bei denen das Vorreiten in Ruhe und ohne Hektik abläuft. Steigern Sie die Schwierigkeitsgrade allmählich.
Lassen Sie das Pferd nach einer anstrengenden Saison auf die Weide.

Das Pferd an »Gefahren« gewöhnen
Alle Pferde sind verschieden. Manche reagieren bei Wettkämpfen sehr stark auf die Umgebung und haben dann die größten Schwierigkeiten, sich auf ihre Aufgabe zu konzentrieren.
Lässt sich ein Pferd leicht ablenken, kann zu Hause aktiv an der Lösung dieses Problems gearbeitet werden. Bitten Sie Freunde, sich während des Trainings mit Regenschirmen an die Reitbahn zu stellen, hängen Sie Decken über die Hindernisse und bringen Sie mit Kreide und Sägespänen Markierungen auf den Dressurzirkelpunkten an. Versuchen Sie die Situation so nachzustellen, wie das Pferd sie bei einem Wettkampf vorfindet. Lassen Sie das Pferd alles genau beobachten und untersuchen, was ihm Angst macht. Dann wird es bei zukünftigen Turnieren erfolgreicher sein.

Beispiel eines Trainingsprogramms

Für einen Fünfjährigen, mit dem Sie in den leichten Klassen starten möchten, könnten zwei Trainingswochen im Frühjahr und Sommer so aussehen:

1. Tag Dressur
2. Tag Krafttraining am Hang/Abhang/Strandwall
3. Tag Bodenarbeit
4. Tag Springen
5. Tag Ruhe auf der Weide
6. Tag Galopptraining in Intervallen
7. Tag Eine Stunde Schritt am langen Zügel
8. Tag Dressur
9. Tag Bodenarbeit über Cavaletti
10. Tag Ausritt auf unterschiedlichen Böden
11. Tag Ruhe auf der Weide
12. Tag Freispringen
13. Tag Dressur
14. Tag Galopptraining in Intervallen

Die Aufwärmphase vor dem Springen sowie das Kraft- oder Galopptraining beinhalten Entspannungsübungen wie Schenkelweichen oder auf dem Zirkel gehen.
Der Ausritt kann sich aus dem Überspringen von einigen Naturhindernissen zusammensetzen, einer kleinen Kletterpartie und Galopp oder Dressurreiten, wenn das Pferd draußen in der Natur stärker für die Dressur trainiert werden soll. Der Aufbau des Trainings hängt davon ab, was am intensivsten geübt werden muss.
Bei Fahrpferden werden die Spring- und Cavalettiübungen durch Fahren ersetzt.

Erhaltung der Kondition

Zum Aufbau der Kondition des Pferdes findet das Krafttraining dreimal in der Woche statt. Da die Trainingseinheiten allmählich immer umfassender werden, reduzieren Sie das Krafttraining später auf insgesamt zweimal in der Woche. Hat das Pferd das gewünschte Konditionsniveau erreicht, genügt ein einmaliges Training in der Woche, um die Kondition zu erhalten.
Wenn das Pferd nach und nach das Eliteniveau zu erreichen beginnt und viel arbeitet, ist es häufig von Vorteil, das Training in zwei kürzere Einheiten pro Tag aufzuteilen, statt einer langen Phase.

Trainieren Sie erst zwei Stunden nach dem Füttern, sonst hat das Pferd nicht genug Zeit für das Verdauen.

Transport des Pferdes

Für Pferdetransporte gelten eine Reihe von tierschutzrelevanten Bestimmungen und Verordnungen, die Sie unbedingt kennen sollten. Die gesetzlichen Regeln, vor allem für den Transport eines verletzten Pferdes, sind im Einzelnen in der »Welfare of Animals during Transport Order 1992« festgelegt. Es gilt für Pferde aller Rassen und Nutzungszwecke.

Einige allgemeine Ratschläge für Transporte:

- Wenn das Pferd länger als eine Stunde zum Turnierplatz transportiert werden muss, sollte es bedeutend früher als sonst am Morgen gefüttert werden.
- Nehmen Sie am besten Wasser mit, wenn das Pferd an einem Tag an mehreren Prüfungen teilnimmt. Manche Pferde sind sehr eigen was Wasser angeht.
- Bleiben Sie während der Fahrt ab und zu stehen und schauen Sie nach dem Pferd. Es ist unmöglich im Auto zu hören, was hinten im Anhänger passiert.
- Parken Sie im Schatten und schalten Sie die Lüftung ein, wenn das Pferd an warmen Sommertagen im Anhänger stehen muss. Sehen Sie immer wieder nach dem Pferd und lassen Sie es heraus, wenn die Temperaturen zu heiß werden.
- Empfindet Ihr Pferd Transporte als sehr stressig, sollten Sie vor wichtigen Turnieren lieber einen Tag früher fahren und das Pferd über Nacht in den Stall auf dem Turnierplatz stellen.

Tierärztlicher Rat

Übertrainiertheit äußert sich darin, dass das Pferd im Verhältnis zur ausgeführten Arbeit eine übertriebene Herzfrequenz hat, also einen stark erhöhten Puls. Obwohl das Pferd durchtrainiert wirkt, schafft es seine Arbeit nicht wie früher. Die gesamte Leistungskurve zeigt nach unten. Ursache dafür ist, dass der Körper zu viele rote Blutkörperchen im Verhältnis zu den weißen produziert und das Blut dadurch zäher fließt.
Es gibt keine einfache und eindeutige Lösung für dieses ausgesprochen schwierige Problem. In einem großen Stall, in dem für alle Pferde die Umgebung, das Futter und das Training gleich sind, kann ein einzelnes Individuum darunter leiden. Dann bleibt nichts anderes übrig, als das Pferd sowie seine gesamte Umgebung systematisch zu untersuchen.
Beim Pferd wird ein EKG gemacht, eine Lahmheits-Untersuchung vorgenommen, die Hufe werden kontrolliert und man entnimmt eine Blutprobe bei maximaler Leistung.
Wenn alle Untersuchungen ergeben, dass das Pferd gesund ist, setzt man sie fort und:

- kontrolliert das Futter. Das Symptom kann auf Störungen der Magen-/Darmflora beruhen. Bei Fertigfutter sind die Futtermengen vielleicht nicht individuell angepasst. Bedenken Sie, dass ein Futterwechsel nach und nach, das heißt in nicht weniger als drei Wochen durchgeführt werden sollte.
- wechselt die Umgebung. Wenn das Pferd in einem Trainingsstall nicht zur Ruhe kommt, weil den ganzen Tag über ein ständiges Kommen und Gehen von Pferden und Menschen herrscht, kann ein vorübergehender Aufenthalt in einem kleineren und ruhigeren Stall die Lösung sein.
- stellt das Training um. Es wird reduziert und beschränkt sich auf ganz andere Muskelgruppen. In jedem einzelnen Fall muss man individuelle Lösungen ausprobieren. So kann ein Fahrpferd auch ein Reittraining brauchen und umgekehrt. Oder Sie lassen ein Dressurpferd mal ins Gelände hinaus, so dass es eine Zeit lang ganz andere Muskelgruppen anstrengen muss.

Bei Hengsten hilft in manchen Fällen eine Kastration.
Übertrainiertheit kann auch die Folge von Rhino- oder Herpesvirusinfektionen sein, die in vielen Ställen grassieren.

Als Pferdebesitzer müssen Sie viel Geduld aufbringen, verschiedene Lösungen ausprobieren und dem Pferd wirklich Zeit lassen.

Herzmuskelentzündung. Es ist wichtig, vor allen größeren Anstrengungen die Temperatur zu messen. Wenn das Pferd mit einer beginnenden Infektion arbeitet, kann zusätzlich eine Herzmuskelentzündung entstehen. Das ist eine ernste Erkrankung, von der sich das Pferd im schlimmsten Fall nie wieder vollständig erholt. Leidet das Pferd unter einer Herzmuskelentzündung, ist anfänglich nicht so viel davon zu bemerken. Wird es jedoch weiterhin stark gefordert, verliert es an Energie, magert ab und frisst schlecht. Es wirkt im Großen und Ganzen völlig schlapp. In diesem Fall wird die Herztätigkeit mit einem EKG überprüft und eine Blutprobe entnommen. Am besten wird ein Arbeits-EKG gemacht, während sich das Pferd anstrengt oder direkt nach der Arbeit.

Bei einer Herzmuskelentzündung bilden sich Hohlkörper in der Herzkammer, so dass das Blut nicht normal durchgepumpt wird und ein Teil in diesen Hohlkörpern verbleibt.

Das Pferd benötigt mindestens eine zweimonatige Ruhepause. Eine schwere Herzerkrankung kann oft wiederkehren und ein daran erkranktes Pferd hat schlechte Aussichten, dass es jemals wieder seine volle Leistungsfähigkeit erreicht.

Eine Herzmuskelentzündung kann auch als Folgekrankheit einer Pferdegrippe auftreten. Geben Sie dem Pferd deshalb genügend Zeit, damit es sich nach einer Grippe wieder erholen kann.

Ein Pferd muss nach einer Infektion 14 Tage fieberfrei sein. Erst dann kann es wieder härterer Arbeit ausgesetzt werden.

Magengeschwür. Es sind vor allem Hochleistungspferde, die an Magengeschwüren leiden. Sie bekommen zwar optimales Futter, stehen aber bei der Arbeit und bei Wettkämpfen häufig unter Stress. Schlechter Appetit, häufiges Rülpsen, eine allgemein gedrückte Stimmung und ein Abfall der Leistung deuten darauf hin, dass das Pferd Magengeschwüre hat. Dagegen findet sich kein Blut in den Exkrementen, kein Hinweis also, nach dem man suchen könnte. Es ist schwierig, ein Magengeschwür bei Pferden eindeutig zu diagnostizieren. Gut ausgerüstete Tierkliniken besitzen Videoendoskope, mit denen man den Zustand des Pferdemagens beurteilen kann.

Damit sich ein Pferd wohl fühlt, muss der Reiter ein feines Gespür für seine Signale besitzen. Magengeschwüre, Herzmuskelentzündungen und Übertrainiertheit sind einige der Komplikationen, zu denen es kommt, wenn Sie nicht genau darauf achten, wie es Ihrem Pferd geht.

Tierärztlicher Rat

Bei Verdacht auf Magengeschwür sollten vor allem die routinemäßigen Abläufe im Stall verändert werden und die Pferde in Ruhe fressen können. Schließen Sie am besten den Stall nach dem Fressen mittags zu, damit die Pferde eine kleine Siesta halten können. Geben Sie viel Raufutter (das ist immer das A und O bei Pferdefutter) und verringern Sie den Proteingehalt, damit das Pferd ruhiger wird. Bedenken Sie auch, dass fertig gemischtes Futter nicht bei allen Pferden die bedarfsgerechten Anforderungen erfüllt. Versuchen Sie bei einem Pferd mit Magengeschwüren den Stress beim Training abzubauen. Vielleicht tut es ihm gut, eine Stunde am Tag umhergeführt zu werden, um sich zu entspannen. Vor allem Stuten, die stark gefordert werden, sind sehr empfindlich und zeigen Appetitlosigkeit. Versuchen Sie den »Schlüssel« zu jedem Individuum zu finden.

Magengeschwüre können bei Pferden nicht operiert werden. Wenn Sie die Ursache nicht gefunden haben und das Problem weiterhin besteht, müssen Sie es mit einer medizinischen Behandlung versuchen.

In manchen Fällen wurden Pferde vorübergehend mit Methoden zur Bekämpfung von Magengeschwüren wie bei Menschen behandelt. Das Futter mit lebenden Bakterienkulturen stärkt die natürliche Bakterienflora des Darms und kann den Heilungsprozess vorantreiben.

Versuchen Sie Magengeschwüren vorzubeugen und beobachten Sie Ihr Pferd sehr genau. Bei stressempfindlichen Pferden sollten Sie:

- die Intensität des Trainings reduzieren,
- oft füttern,
- die größte Futtergabe am Abend reichen.

Kreuzverschlag hat verschiedene Ursachen. Neben einem Ungleichgewicht im Verhältnis zwischen Futter und Arbeit können auch erbliche Faktoren eine Rolle spielen. Manchmal tritt Kreuzverschlag während der Arbeit auf: Das Pferd beginnt zu schwitzen, es bildet sich Schaum in den Mundwinkeln und die Schritte werden immer kürzer. Im anderen Fall tritt er auf, wenn das Pferd nach der Arbeit in den Stall kommt. Es will nicht gehen, ist allgemein unwillig, steht da und scharrt, kurz gesagt, es zeigt kolikartige Symptome. Manche Pferde schwitzen und zittern und es geht ihnen wirklich schlecht.

Als Sofortmaßnahme bekommen die Pferde schmerzstillende Mittel und Vitamin B. Handelt es sich um einen sehr ernsten Fall, wird das schmerzstillende Mittel auch noch die kommenden Tage verabreicht. Das Pferd darf für kurze Zeit im Schritt bewegt werden. In diesem Zeitraum wird eine Blutanalyse gemacht und es werden die Muskelenzyme kontrolliert. Der Zustand beruht darauf, dass zu viel Glykogen in den Muskeln lagert. Wenn das Pferd zu arbeiten beginnt, bilden sich große Mengen Milchsäure und »sprengen« die Muskeln. Durch die Blutprobe wird das Verhältnis zwischen den verschiedenen Enzymen im Blut ersichtlich. Daraus kann man schließen, wie stark der Muskelzerfall gewesen ist.

Nach ein bis zwei Wochen Erholung werden neue Blutproben entnommen. Die Werte müssen sich normalisiert haben, bevor das Training wieder aufgenommen wird.

Ein Pferd, das einmal unter Kreuzverschlag gelitten hat, muss täglich bewegt werden. Das ist sehr wichtig. Das Glykogen muss jeden Tag abgebaut werden und darf keine Gelegenheit bekommen, sich in den Muskeln festzusetzen. Dabei reicht es nicht, das Pferd auf die Weide zu schicken, sondern es muss kräftig bewegt werden. Eine zusätzliche Gabe von Vitamin E und Selen ist besonders empfehlenswert für ein Pferd mit der Tendenz zu Muskelabbau.

Nasenbluten bei Pferden ist oft eine Blutung aus den Lungen. In den Lungen befinden sich kleine Gefäße, die bei verstärktem Druck platzen können. Das passiert, wenn das Pferd zu wild umherläuft oder eine Infektion im Körper

trägt und dadurch anfälliger ist. Bestimmte Blutlinien sind prädisponiert dafür.
Nasenbluten kann ein kleines Blutrinnsal bedeuten, es kann aber auch passieren, dass das Blut aus beiden Nasenlöchern quillt. Letzteres sieht immer sehr gefährlich aus und darf nicht auf die leichte Schulter genommen werden. Im Grunde genommen ist es ein Ausdruck dafür, dass das Pferd zu hart gefordert und überanstrengt wurde.
Die einzige Möglichkeit Lungenblutungen sicher zu diagnostizieren ist die Kontrolle der Luftwege mit einem Fiberendoskop.
Die Untersuchung sollte unmittelbar nach der Blutung stattfinden, spätestens jedoch am nächsten Tag. Als Erstes braucht das Pferd absolute Ruhe. Um zu sehen, ob es unter einer Infektion leidet, muss ihm Blut abgenommen werden.

Ausreichende Zufuhr von Salz. Wenn Pferde schwitzen, verlieren sie nicht nur Flüssigkeit, sondern auch eine Menge verschiedener Mineralstoffe, vor allem Natriumchlorid (Kochsalz). Ein Pferd, das voll trainiert, verliert etwa 15 Liter Schweiß pro Stunde. Außer der Arbeitsintensität und der Länge des Trainings haben die Außentemperatur und die Körpertemperatur des Pferdes einen großen Einfluss auf das Schwitzen. Viele Pferde schwitzen auch unter Stress.
Wenn ein Pferd unter Salzmangel leidet, ist das erste Zeichen, dass es schlecht frisst. Es verliert an Blutvolumen und Körpergewicht. Es gibt keine Möglichkeit, das Pferd vor einer Anstrengung ein »Kochsalz-Depot« anlegen zu lassen, weil die Hormone im Körper das Gleichgewicht so regulieren, dass Überschuss sofort ausgeschieden wird. Statt dessen muss der Verlust sofort nach dem Schwitzen ausgeglichen werden. Versuche haben gezeigt, dass es nicht damit getan ist dem Pferd einen Salzleckstein aufzuhängen, an dem es schlecken kann, sondern es muss zusätzlich Salz mit dem Futter aufnehmen. Das geschieht dadurch, dass Sie beispielsweise Kochsalz über das Heu streuen. Hart trainierende Pferde benötigen physiologische Kochsalzlösung. Diese besteht aus 9 Gramm normalem Kochsalz, das in einem Liter Wasser aufgelöst wird. Die Lösung wird während und/oder nach sehr anstrengender Arbeit verabreicht. Wenn das Pferd den Geschmack nicht mag, sollten Sie mit schwächeren Salzlösungen beginnen.
Pferde besitzen ziemlich große Depots für die Lagerung von Mineralstoffen. Mit Hilfe einer gleichmäßigen Aufnahme von ausgewogenem Futter kann das auch beibehalten werden. Wird jedoch kein mineralstoffhaltiges Futter zugeführt, leeren sich die Depots in ein bis zwei Monaten.

Doping und Verbreitung ansteckender Krankheiten

»Das einzige Wundermittel im Pferdesport ist ein gutes Team:
Es besteht aus einem gewissenhaft und gut trainierten Pferd,
einem tüchtigen Reiter, fleißigen und aufmerksamen Pflegern,
einem fähigen Hufschmied sowie einem kritischen und
erfahrenen Tierarzt.«

CLEMENS MAHRINGER
Tierarzt aus Linz

Doping

Pferde, die trainiert werden und an Wettkämpfen teilnehmen, sollten natürlich vollkommen gesund sein. Um zu kontrollieren, ob Pferde starten, die Medikamente nehmen müssen oder aber Präparate zur Verschleierung einer Krankheit beziehungsweise Mittel zur Leistungssteigerung bekommen haben, werden regelmäßig Dopingkontrollen durchgeführt. Die aktuellen Dopingregeln und -vorschriften sind in der Leistungs-Prüfungsordnung, Ausgabe 2000, der Deutschen Reiterlichen Vereinigung zu finden. Alle Reiter und Fahrer sind verpflichtet sie zu kennen und sich stets über die laufenden Veränderungen zu informieren.

Dopingproben werden den Pferden bei allen Pferdeleistungsprüfungen entnommen. Diese Maßnahme schützt die Pferde und dient dazu, einen verantwortungsbewussten Tierschutz aufrechtzuerhalten.

Es gibt eine Karenzzeit für Medikamente und Behandlung.

Verurteilungen wegen Dopings

Jedes Jahr werden Pferdebesitzer und Reiter oder Fahrer verurteilt, weil bei Dopingkontrollen Restspuren eines unzulässigen Präparats im Urin oder Blut ihrer Pferde gefunden wurden. Sie müssen dann eine Strafe zahlen und werden für eine gewisse Zeit gesperrt.

Oft ist für ein positives Dopingergebnis aber auch nur Nachlässigkeit und nicht bewusstes Handeln der Grund. In vielen Fällen stellt sich nämlich heraus, dass die Pferde überhaupt keine Medikamente bekommen haben, sondern diese Substanzen auf andere Weise aufgenommen wurden. Dies geschieht beispielsweise über Gegenstände wie einen Eimer oder eine Krippe, die ein medikamentös behandeltes Pferd benutzt hatte. Pferdebesitzer sind sich im Allgemeinen nicht klar darüber, dass bereits solche geringen Mengen einer Substanz für einen positiven Dopingbefund ausreichen. Es genügt, wenn ein Pferd das Boxengitter abschleckt, das kurz zuvor ein medikamentös behandeltes Pferd abgeschleckt hat. Die Reste des Medikaments, die dann bei ersterem gefunden werden, reichen für einen positiven Befund aus.

Im Stall müssen strikte Regeln eingehalten werden, wenn einige Pferde Medikamente bekommen:

- Bei einem Pferd, das behandelt wird, sollte ein deutlich sichtbarer Zettel an der Boxentür hängen. In die Box dürfen keine anderen Pferde, noch nicht einmal für einen kurzen Moment. Pferde schlecken gerne an Gitterstäben, Wänden, Rändern von Selbsttränken und dergleichen und lassen auf diese Weise winzige Reste von Medikamenten zurück.
- Keine Wassereimer aus den Boxen austauschen. Der Grund ist der gleiche wie oben.
- Individuell verordnete Medikamente sollten nicht für andere Pferde verwendet werden. Der Tierarzt schreibt den Namen des erkrankten Pferdes auf das Rezept und nur für dieses Tier sind sie bestimmt.
- Geben Sie übrig gebliebene Medikamente in der Apotheke ab, damit sie entsorgt werden.
- Bewahren Sie Medizin, Spritzen und Kanülen in einem verschließbaren Medikamentenschrank auf.

Futter kann unzulässige Substanzen wie Koffein enthalten. Dieses hat eine Karenzzeit von 14 Tagen. Genau das wurde dem Holländer Ad Arts bei der Weltmeisterschaft 1990 in Stockholm zum Verhängnis. Er musste seine Goldmedaille beim Vierspännerfahren zurückgeben ...
Kontrollieren Sie die Vitaminzusätze sehr genau. Sie setzen sich aus den verschiedensten Substanzen zusammen.
Auch manche nur äußerlich anwendbaren Medikamente wie Liniment haben eine Karenzzeit. Sie ist auf dem Etikett angegeben und sollte notiert werden, bevor das Präparat verwendet und die Verpackung schmutzig und unleserlich geworden ist.

Pferde/Ponys, die für einen Wettkampf trainiert werden oder daran teilnehmen, dürfen keinem Doping oder anderen unzulässigen Maßnahmen, die das Leistungsvermögen oder das Temperament des Pferdes beeinflussen könnten, ausgesetzt werden.

Liste der kontrollierten Substanzen:
1. Dopingsubstanzen sind Stoffe, die geeignet sind, die Leistung eines Pferdes/Ponys im Wettkampf zu beeinflussen.
Das sind:

- Stimulantia
- Sedativa und Narkotika
- Anabolika
- Diuretika
- Peptidhormone und Analoge

Grenzwerte gelten für:

- Testosteron:

- bei Wallachen: freies und gekoppeltes Testosteron in einer Konzentration von 0,02 Mikrogramm pro Milliliter Urin
- bei Stuten: freies und gekoppeltes Testosteron in einem Verhältnis zu Epitestosteron von 12:1

- Nandrolon: frei und gekoppelt 5α-estrane-3β, 17α-diol bis 5(10)-estrene-3β, 17α-diol im Urin
- Theobromin: in einer Konzentration ab 2,0 Mikrogramm pro Milliliter Urin
- Cortisol: in einer Konzentration ab 1,0 Mikrogramm pro Milliliter Urin.

Außerdem gilt die Verabreichung von Vollblut und/oder Zubereitungen, die rote Blutkörperchen enthalten, sowie jede Manipulation einer Probe als Doping.
2. Verbotene Arzneimittel sind Substanzen, die als Arzneimittel eingesetzt werden, jedoch im Wettkampf verboten sind, und zwar solche, die

- auf das Nerven-System
- auf das Herz-Kreislauf-System
- auf das Atmungs-System
- auf das Verdauungs-System
- auf das Harn-System
- auf die Geschlechtsorgane
- auf das Muskel- und Skelett-System
- auf die Haut
- gegen Infektionserreger

wirken.
Grenzwerte gelten für:

- Salizylsäure: in einer Konzentration ab 750,0 Mikrogramm pro Milliliter Urin oder 6,5 Mikrogramm pro Milliliter Blutplasma
- Arsen: in einer Konzentration ab 0,3 Mikrogramm pro Milliliter Urin

Vorsicht beim Ausleihen von Ausrüstungsgegenständen! Das ist einer der häufigsten Ansteckungswege.

- Dimethylsulfoxyd (DMSO): in einer Konzentration ab 15,0 Mikrogramm pro Milliliter Urin oder in einer Konzentration ab 1,0 Mikrogramm pro Milliliter Blutplasma
- Verfügbares CO_2: in einer Konzentration ab 37 Millimol pro Liter Blutplasma

3. Ausnahmen: Die Anwendung/Verabreichung folgender Substanzen in zeitlichem Zusammenhang mit der Wettkampfteilnahme ist erlaubt (dies betrifft nur die Anwendung von für Pferde/Ponys in Deutschland zugelassenen Substanzen), da sie der Vorbeugung und Pflege dienen und unterstützend bei der Gesunderhaltung des Pferdes/Ponys wirken:

- Impfstoffe bis spätestens 14 Tage vor Beginn der Pferdeschau/Pferdeleistungsschau
- Substanzen zur Bekämpfung von Endoparasiten
- Paramunitäts-Inducer
- externe Desinfektionsmittel und Insektenschutzmittel

Vorsicht vor Ansteckungen

In der Zeit zwischen Oktober und Februar sind die Pferde am stärksten durch Pferdegrippe oder Krankheiten bedroht, die auf dem Luftweg übertragen werden. Um das Pferd in diesen Monaten so gut wie möglich vor einer Ansteckung bei Wettkämpfen und dem Training zu schützen, empfiehlt sich eine nochmalige Impfung. Die Grippeschutzimpfung bietet nämlich zum Ende der Impfperiode hin einen geringeren Schutz, da die Abwehr des Immunsystems inzwischen schwächer geworden ist. Das führt dazu, dass auch ein geimpftes Pferd vor einer Ansteckung nicht mehr sicher ist. Fängt es an zu husten und tritt Nasenausfluss auf, ist bald der gesamte Stall infiziert. Die Pferdegrippe wird auf dem Luftweg übertragen und ist äußerst ansteckend.

Durch eine rechtzeitige Auffrischungsimpfung wird der Schutz gegen Ansteckungen verstärkt.

Verschiedene Möglichkeiten Pferde zu schützen

Pferde sind von verschiedenen Viren, Bakterien und Pilzen umgeben, die Krankheiten verbreiten. Durch die Jahre hindurch bauen die Tiere zwar eine gewisse Widerstandskraft und Immunität dagegen auf, aber zeitweilige Schwächen des Immunsystems, die beispielsweise durch Stress, falsche Futtergaben oder Unwohlsein verursacht werden, machen sie anfällig.

Im Kapitel »Die ersten sieben Monate des Fohlens« wurde auf Seite 27 bereits über die Impfung gegen Pferdegrippe gesprochen. Wenn das

Pferd von Anfang an geschützt und kontinuierlich geimpft wurde, besteht ein erheblich geringeres Risiko, dass es an Grippe erkrankt. Ist es dennoch der Fall, dann in milderer Form.

Darüber hinaus werden die Pferde auf folgende Weise gegen ansteckende Krankheiten geschützt:
- Leihen Sie sich niemals Ausrüstung, Eimer oder Putzzeug von anderen aus.
- Veranstalten Sie mindestens einmal im Jahr einen Großputz im Stall.
- Halten Sie neue Pferde stets zwei Wochen von den anderen Tieren getrennt. (Der Stress beim Transport und der Umgebungswechsel können latent vorhandene Krankheiten plötzlich ausbrechen lassen.)
- Unterbinden Sie bei Trainingsveranstaltungen und Wettkämpfen, dass sich die Pferde gegenseitig beschnuppern und begrüßen.
Ebenso muss man nicht ständig andere Pferde streicheln.
- Seien Sie vorsichtig, wenn Sie ein fremdes Pferd im Transporter mitnehmen. Desinfizieren Sie den Anhänger anschließend, wenn der Verdacht besteht, dass das Pferd eine ansteckende Krankheit hatte.

Keine Vermischung der verschiedenen Pferdekategorien

Kleinere Stalleinheiten sind einem großen Stall vorzuziehen. Turnierpferde sollten getrennt von den anderen stehen und nicht mit Jungpferden und Zuchtstuten vermischt werden.
Pferde, die an Wettkämpfen teilnehmen, sind stets einer hohen Ansteckungsgefahr ausgesetzt und auch wenn sie selbst keine Symptome zeigen, können sie zahlreiche ansteckende Krankheiten mit nach Hause bringen.
Für trächtige Stuten bedeutet das zum Beispiel eine unmittelbare Bedrohung, da gewisse Viren einen Abort verursachen können. Auch bei Jungpferden besteht ein hohes Risiko, dass sie erkranken, wenn das Immunsystem noch nicht ganz stabil ist.
Ideal wären separate Ställe für Zuchtstuten, Jungpferde und Turnierpferde.

Säuberung und Desinfizierung

Stall

Der Stall sollte möglichst jedes Jahr gründlich gesäubert, desinfiziert und frisch gestrichen werden. Dadurch sieht er nicht nur wieder frisch und freundlich aus, sondern Sie können auf diese Weise auch zahlreichen Infektionskrankheiten vorbeugen.
Reinigen Sie den leeren Stall mit Hilfe einer Hochdruckspritze. Wenn Fußboden, Decke, Wände und Sattel- bzw. Futterkammer gesäubert sind, desinfizieren Sie den Stall mit einem Mittel, das Viren, Schwämme, Mykoplasmen und Sporen abtötet. Lassen Sie dann den Stall am besten eine Weile leer stehen und richtig auslüften.
Krippen und Selbsttränken werden mit einer Desinfektionslösung abgewaschen und anschließend mit einer Bürste gereinigt. Eine Geschirrbürste eignet sich ideal, weil Sie damit in alle Ecken kommen.
Kardätschen und andere Putzgeräte legen Sie etwa 10 Minuten in eine Desinfektionslösung. Anschließend spülen Sie alles sorgfältig mit Wasser ab und lassen es trocknen.

Weide

Auch die Weide muss gereinigt werden und damit ist nicht nur der Zaun gemeint. Wenn einmal wöchentlich der gesamte Mist entfernt wird, kann die Übertragung von Eingeweideparasiten stark eingedämmt werden. In den Exkrementen des Pferdes befinden sich Eier von Eingeweideparasiten. Diese entwickeln sich zu Larven und kriechen den nächsten Grashalm hinauf. Wenn das Pferd ihn nun frisst, gelangen die Larven in seinen Körper und damit ist der Kreis geschlossen. Es bildet sich eine neue Generation Parasiten. Deshalb sollten Sie die Pferde im Sommer auf großen, parasitenfreien Weiden grasen lassen. Im Winterhalbjahr werden jedoch oft kleinere Weiden bevorzugt. Dann erhöht sich das Risiko, dass es zu großen Ansammlungen von Mist kommt und die wenigen Grashalme, die noch auf der Weide stehen, sind von mikroskopisch kleinen Parasitenlarven übersät. Wenn der Pferdedung regelmäßig entfernt wird, kann man das Problem zu einem gewissen Teil in den Griff bekommen. Wer viele Pferde besitzt, sollte sich einen Mistsauger für die Weide anschaffen. Das ist wirklich eine Arbeitserleichterung.

Wenn sich ein Pferd mit einer ansteckenden Krankheit auf der Weide aufgehalten hat, sollten Sie die Gatterpfosten, Futterraufen usw. desinfizieren.

Tierärztlicher Rat

Häufige ansteckende Krankheiten

Ringflechte ist eine sehr lästige, ziemlich oft auftretende Hautkrankheit bei Pferden. Sie verheilt sehr langsam und bedeutet viel zusätzliche Arbeit für den Pferdebesitzer. Es handelt sich dabei um eine Pilzkrankheit, die die Haarbälge befällt und sich in runden, haarlosen Flecken mit einer etwas schuppigen Oberfläche äußert. Die Ringflechte ist langwierig, schwierig zu heilen und sehr ansteckend. Auch andere Tierarten und sogar der Mensch können sich infizieren. Deshalb sollten Sie das liebevolle Streicheln Ihres Hundes etwas einschränken oder es vermeiden sich zu kratzen, wenn Sie gerade ein an Ringflechte erkranktes Pferd angefasst haben.

Ringflechte tritt vor allem bei Jungpferden auf und beginnt dann oft am Kopf. Ein Pferd mit Ringflechte muss von den anderen isoliert werden. Die Pilzsporen können länger als ein Jahr überleben. Reinigen und desinfizieren Sie deshalb alle Dinge, mit denen das Pferd in Kontakt gekommen ist, egal, ob es sich dabei um Box, Pflegeplatz, Transporter, Putzsachen oder Ausrüstung handelt. Hat sich das Pferd draußen auf der Weide an den Pfosten gescheuert, müssen auch diese mit Desinfektionsmittel besprüht werden.

Pferde, bei denen die Ringflechte im Bereich der Sattellage auftritt, dürfen natürlich nicht gesattelt werden, bis die Flechte vollständig abgeheilt ist. Wenn man sich nicht daran hält oder das Pferd sich sehr heftig an dieser Stelle reibt (bei manchen Pferden tritt ein starker Juckreiz auf), können Infektionen und schwer heilende Wunden entstehen, die den Heilungsprozess erheblich verzögern.

Druse ist eine sehr ansteckende Pferdekrankheit, von der jeder Pferdebesitzer am liebsten nichts wissen möchte. Nicht nur, dass es den Pferden dabei wirklich schlecht geht, die Heilung der Krankheit ist kostspielig und mit einem enormen Arbeitsaufwand verbunden.

Verursacht wird sie durch das Bakterium *Streptococcus equi*, das stets in der Nähe von Pferden zu finden ist. Die Bakterien befallen die oberen Luftwege und angrenzenden Lymphknoten. Die klassischen Symptome sind starker, eitriger Nasenausfluss, Abszesse in den Lymphknoten unter den Ganaschen, Schluckbeschwerden aufgrund von geschwollenen Rachenlymphknoten sowie etwa 40 Grad Fieber und Husten. Die Abszesse wachsen, bis sie endlich aufgehen und der Eiter abfließt.

Da nicht immer alle genannten Symptome gleichzeitig auftreten, ist es schwierig die Krankheit zu diagnostizieren. Eine eindeutige Diagnose erhalten Sie, wenn Sie Proben aus den Nüstern und Rachen oder ein geplatztes Geschwür im Labor untersuchen lassen.

Die normale Inkubationszeit beträgt drei bis sechs Tage. Eine latente Ansteckungsgefahr kann jedoch wesentlich länger von Stallwänden, Weiden und Ausläufen ausgehen. Pferde und ihre Umgebung können bis zu einem Jahr Bazillenträger sein. Die Ansteckung erfolgt durch Direktkontakt der Pferde, aber auch durch die Ausrüstung, die Kleidung des Stallpersonals, den Transporter usw. Um der Krankheit beizukommen, sind umfassende Maßnahmen nötig wie die Desinfektion aller Dinge, mit denen ein krankes Pferd in Kontakt gekommen ist.

Die Behandlung besteht aus Ruhe und der Isolation von kranken Tieren. Die Druse zählt in

Deutschland nicht zu den meldepflichtigen Krankheiten, die beim Pferd auftreten können. Die Druse kann zwar mit Penizillin behandelt werden, in vielen Fällen lässt man die Krankheit jedoch einfach ihren Verlauf nehmen. Der Tierarzt entscheidet von Fall zu Fall, was am besten ist. Das hängt unter anderem vom Allgemeinzustand des Pferdes und der Zusammensetzung des Stalls ab. Penizillin muss allerdings gleich zu Beginn der Krankheit verabreicht werden, wenn es wirken soll.
Eine sehr gefürchtete Variante ist die *metastatische Druse*. Die Geschwüre treten dabei innen im Körper auf. Wenn sie am Ende aufgehen, bekommt das Pferd Blutvergiftung und stirbt. Penizillin hilft bei dieser Krankheitsform nicht.
Die Pferde können auch *Anasarka* (*Morbus maculosus*) bekommen. Das ist eine überempfindliche Reaktion, die sich in einer hochgradigen Ansammlung von Wasser im Körper zeigt.
Nehmen Sie die Ansteckungsgefahr von Druse sehr ernst und lassen Sie Ihr Pferd nie in einem Transporter mit anderen Pferden fahren, die aus einer Gegend kommen, in der die Krankheit aufgetreten ist. Überprüfen Sie auch stets sehr genau, woher neue Pferde kommen.
Es ist entscheidend, dass alle mithelfen, das Ansteckungsrisiko so gering wie möglich zu halten, und dass man eine offene Einstellung gegenüber der Drusenerkrankung hat. Wenn ein Pferdebesitzer erfährt, dass sein Pferd unter dem Verdacht steht angesteckt worden zu sein, ist es kein großes Problem, das Tier einige Wochen isoliert zu halten. Dadurch wird die Verbreitung von Bazillen schnell eingedämmt.
Es gibt andere Krankheiten, bei denen ähnliche Symptome wie bei der Druse auftreten und die oft von dem Bakterium *Streptococcus zooepidemicus* verursacht werden. Sie sind ebenfalls ansteckend und sollten genauso wie die Druse behandelt werden.

Pferdeinfluenza. Für die Teilnahme an Wettbewerben und das Training in gemeinsamen Reithallen wird gefordert, dass die Pferde gegen Pferdeinfluenza (Pferdegrippe) geimpft sind. Diese kommt in zwei Formen vor: A1 und A2. Das Virus wird auf dem Luftweg übertragen und ist äußerst ansteckend. Wenn ein einziges, infiziertes Pferd in der Reithalle hustet, kann der gesamte Luftraum zum Bazillenträger werden.
Die Pferdeinfluenza tritt in regelmäßigen Abständen auf und äußert sich in hohem Fieber (rund 41 Grad sind nicht ungewöhnlich), Husten, Nasenausfluss (oft eitrig) und einem angegriffenen Allgemeinzustand. Es ist normal, dass das Pferd zunächst einige Tage lang hohes Fieber hat, dann sinkt es auf Normalniveau ab, um nach einigen Tagen wieder zu steigen. Deshalb sollte die Fieberkurve von erkrankten Pferden genau kontrolliert werden.
Nicht nur, dass es den Pferden während der Krankheit sehr schlecht geht, auch der Trainingsausfall ist erheblich, da die Tiere mindestens drei Wochen nach der überstandenen Grippe noch Ruhe brauchen. Abgesehen davon können auch Folgeerkrankungen wie Lungen- und Herzmuskelentzündungen auftreten. Nicht geimpfte Pferde können sogar sterben, wenn der Krankheitsverlauf sehr schwer ist.

Bei einem Pferd mit einer ansteckenden Krankheit im Stall sollten Sie an Folgendes denken:
- Stellen Sie das kranke Pferd in einen Isolationsstall wie zum Beispiel eine Außenbox oder isolieren Sie den ganzen Stall.
- Ziehen Sie im Stall besondere Kleidung und Schuhe an.
- Waschen Sie die Hände oft und gründlich.
- Verwenden Sie nicht die Kardätsche des kranken Pferdes für andere Pferde.
- Säubern Sie auch den Wasserbottich auf der Weide, wenn ihn das erkrankte Pferd zuvor benutzt hat.

Informieren Sie unbedingt den Schmied und andere Personen, die in dieser Zeit mit dem Pferd Kontakt hatten, dass es eine ansteckende Krankheit hat.

Rekonvaleszenz bei Pferden

»Man sollte nie vergessen, dass die Zeit der beste Arzt ist.«

INGEMAR NORBERG
Tierarzt

Auch wenn Sie äußerst sorgsam mit Ihrem Pferd umgehen, es auf die bestmögliche Art pflegen und trainieren, so kommt es doch vor, dass es sich verletzt und eine Zeit lang Ruhe braucht. Es gibt drei Hauptgruppen von Verletzungen beziehungsweise Erkrankungen, bei denen eine lange Zeit der Rekonvaleszenz erforderlich ist:

1. Bei schweren Verletzungen wie reparablen Beinbrüchen, Eingriffen im Bauchbereich oder anderen großen Operationen. Danach ist mit einer langen Ruhezeit zu rechnen. Der Tierarzt entscheidet anhand regelmäßiger Kontrollen, wann das Pferd wieder arbeiten darf.
2. Sehnenschäden. Je nach Art der Verletzung wird die Sehne sofort gekühlt, ein Zinkleimverband aufgetragen und bandagiert und/oder behandelt. Das Pferd muss ruhen, bis die akute Schwellung abgeklungen ist. Dann kann man damit beginnen, es im Schritt zu bewegen.
3. Gelenksentzündungen treten als Folge von Verstauchungen, Überdehnungen oder Verschleiß auf. Der Grad der Lahmheit entscheidet über die Art der Behandlung. Eine Verstauchung geht in der Regel in sieben bis zehn Tagen zurück, wenn das Pferd Ruhe hat. Ein Jungpferd, das sich ein Bein verstaucht hat, kann oft schon wieder auf die Weide gelassen werden, wenn die Lahmheit sowie die Wärme und Anschwellung abgeklungen sind.

Boxenruhe

Boxenruhe bedeutet, dass sich das Pferd dort in aller Ruhe von seiner Krankheit erholen kann. In bestimmten Fällen wie beispielsweise einem

Damit das kranke Pferd schneller wieder gesund wird, sollte es in einer Umgebung stehen, die es anregt und in der es sieht, was ringsumher passiert. Eine Außenbox ist eine ausgezeichnete Alternative.

Ist die Genesung des Pferdes schon etwas fortgeschritten, darf es auf die Miniweide. Die Bewegungsfreiheit ist zwar eingeschränkt, aber das Pferd kann sich natürlich bewegen.

Beinbruch oder einer Gelenkoperation ist es erforderlich, dass das Pferd in der Box bleiben muss, damit die Heilung einsetzt. Es darf dann den Stall nicht verlassen, weil das Risiko einfach zu groß ist, dass es einen Freudensprung macht oder auf andere Weise den Heilungsprozess stört. Es wird lediglich auf die Stallgasse geführt, wenn seine Box ausgemistet wird. Das kranke Pferd kann entweder in einer Box im Zentrum des Stalls stehen oder in einer Außenbox mit Ausblick auf die Umgebung.

Versuchen Sie eine Lösung zu finden, bei der das Pferd psychisch stimuliert wird wieder gesund zu werden. Ausschlaggebend bei der Frage in welchen Stall es am besten gestellt wird, ist natürlich sein Temperament. Ein sehr sensibles Pferd, das schon unruhig wird, wenn andere Pferde nur vorbeigehen, findet sicher in einer etwas abgelegeneren Box mehr Ruhe.

Miniweide

Genau wie bei den Menschen wird bei der Genesung von Pferden heute nicht mehr Wert auf totale Ruhe gelegt. Viele Ärzte vertreten die Auffassung, dass sich die Heilung unter normalen Verhältnissen vollziehen soll und die Rekonvaleszenzzeit auf diese Weise erheblich verkürzt werden kann.

Eine sehr kleine, etwa 3 x 3 Meter große Weide, auf der sich das Pferd nicht allzu viel bewegen kann, ist nach der Boxenruhe oft ein weiterer Schritt auf dem Weg der Genesung. Manchmal erfüllt die Miniweide die gleiche Funktion wie die Boxenruhe. Das entscheidet jedoch der behandelnde Tierarzt von Fall zu Fall. Das Pferd wird nicht so schnell in den Muskeln und Gliedern steif, wenn es auf einer Miniweide stehen darf. In der Regel genießt es der Patient sehr draußen zu sein.

Gute Laune

Das kranke Pferd fühlt sich wohler und frisst besser, wenn es psychisch stimuliert wird und/oder Gesellschaft hat. Um zu verhindern, dass es in Apathie verfällt oder sich abschottet, stellt man ihm ein anderes Pferd dazu (Stallkameraden können sich abwechseln) oder gibt ihm ein kleines Kaninchen, eine Ziege oder ein anderes Kleintier zur Seite. Denken Sie auch daran, dass das Pferd Licht mag und stellen Sie es nicht in die dunkelste Ecke des Stalls.

Die Miniweide sollte so liegen, dass das Pferd die übrigen Weidepferde im Blickfeld hat.
Vergessen Sie das kranke Pferd nicht, es braucht jetzt mehr Kontakt und Fürsorge denn je. Waschen und putzen Sie das Pferd sehr gründlich mit der Kardätsche und dem Schweißmesser, verziehen Sie die Mähne und massieren Sie den Patienten ein wenig.
Einem sehr unruhigen Pferd können Sie zum Zeitvertreib einige Spielsachen in die Box geben. Hängen Sie Bürsten auf, einen Ball oder andere Dinge, nach denen das Pferd schnappen oder in die es hineinbeißen kann.

Allgemeines

Jedes Pferd besitzt aufgrund seiner genetischen Anlage, Aufzucht, des Konditionsstatus und einiger anderer Faktoren seine eigene Geschichte. Sie beeinflusst in nicht geringem Maße die Heilung einer Krankheit. Es ist deshalb auch von Pferd zu Pferd verschieden, wie lange die Rekonvaleszenz bei ihm dauert. Wichtig ist nur, dass die Krankheit oder Verletzung schnell entdeckt wird, so dass die Behandlung sofort einsetzen kann.

Achten Sie bei der Rekonvaleszenz auf das Folgende:

- Besprechen Sie mit dem behandelnden Tierarzt, wie die Rekonvaleszenzzeit und der Wiederaufbau der Kondition aussehen soll. Bitten Sie um eine schriftliche Mitteilung. Lassen Sie sich auch erklären, wie dem Pferd eventuelle Bandagen angelegt werden müssen.
- Ein ruhendes Pferd muss öfter als normal gefüttert werden. Verringern Sie das Kraftfutter und erhöhen Sie den Anteil an Rüben. Um Verstopfungen vorzubeugen, bekommt das Pferd Möhren. Steht eine Operation bevor, sollten die Futtergaben vorher reduziert werden.
- Der Heilungsprozess verbraucht viel Energie und deshalb muss das Pferd warm gehalten werden. Aus diesem Grund sollte es im Gegensatz zu sonst viel öfter eine Decke tragen.

Ein krankes Pferd braucht besonders viel Fürsorge und Zuwendung. Eine Massage wird von dem Patienten sehr geschätzt.

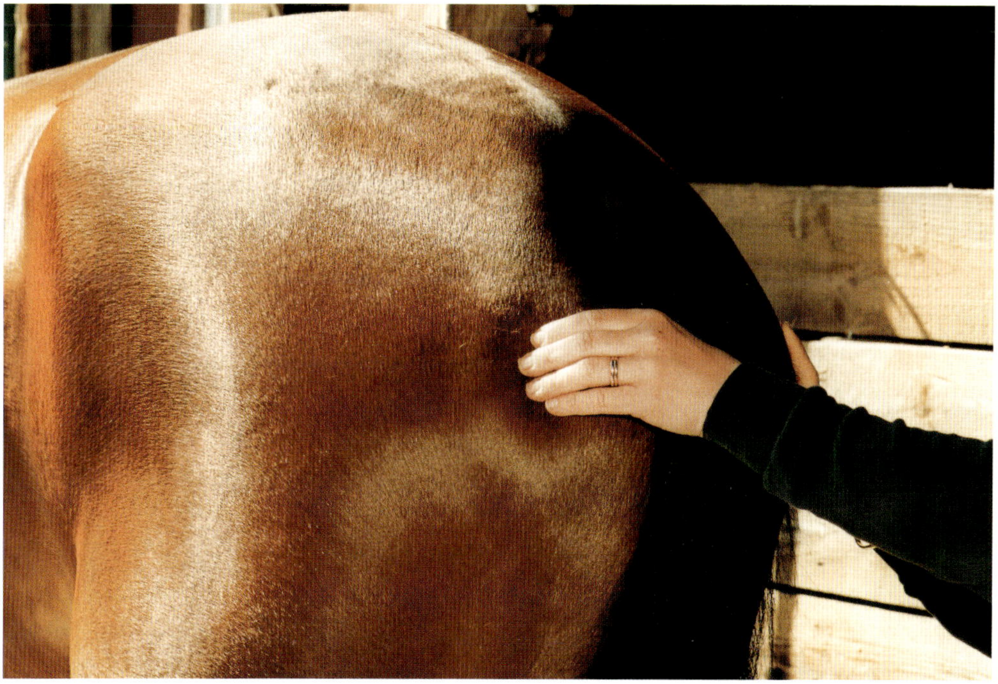

Oft wird vom Tierarzt eine »kontrollierte Bewegung im Schritt« verordnet. Das heißt, dass das Pferd wirklich nur im Schritt geführt werden soll.

Eine Führkette ist oft ein notwendiges Hilfsmittel, um so manchen Patienten in der vorgeschriebenen Gangart zu halten.

- Bei einer Beinverletzung wird dem Pferd oft eine Stützbandage angelegt. Bandagieren Sie auch das gesunde Bein, damit es nicht überlastet wird.

Wiederaufbau der Kondition

Bewegung im Schritt

Nach einer Ruhepause wird dem Pferd in der Regel Bewegung im Schritt in kontrollierter Form verordnet. Das heißt, dass das Pferd anfangs geführt werden muss. Um ein ansonsten sehr munteres und aufgewecktes Pferd im Schritt halten zu können, verwenden Sie einen Führzügel mit Kette, an dem es geführt wird. Nach dieser Bewegung schließt sich Bodenarbeit an oder Sie lassen das Pferd unter Aufsicht in der Führmaschine laufen. Als nächstes wird es vor einen Wagen gespannt oder unter einem Reiter im

Schritt bewegt. Bei einer langen Rekonvaleszenz hat die Bodenarbeit den Vorteil, dass deutlich erkennbar wird, ob sich der Muskelansatz des Pferdes verändert hat. Er ist zum Beispiel schief geworden, wenn eine Verletzung am Bein durch die verstärkte Aktivierung anderer Muskelgruppen kompensiert wurde.

Während das Pferd bewegt wird, empfiehlt es sich, ihm eine Stützbandage an dem verletzten Bein und dem Parallelbein anzulegen. Bei Sehnenschäden sollte der Boden fest sein.

Wie lange das Pferd im Schritt bewegt wird, hängt von der Art der Verletzung ab. Bei einer »Warnung« der Sehne, also einer milderen Form von Überdehnung oder Übermüdung, ist zuerst eine sechswöchige kontrollierte Bewegung erforderlich, ehe das Pferd wieder schneller bewegt werden darf. In anderen Fällen wie einer leichten Lahmheit reicht gewöhnlich eine Woche Bewegung im Schritt aus, damit die Verletzung wieder geheilt ist. Der Tierarzt kann dann bei einer anschließenden Kontrolle feststellen, wie das Pferd auf die Behandlung angesprochen hat. Wenn es wieder frisch und munter ist, wird das Training wie gewohnt aufgenommen.

Spezialtraining

Nach einer Ruhepause in der Box ist es wichtig, das Pferd wieder in Gang zu bringen. Es gibt viele Pferde, die aufgrund des viel zu langen Stehens einfach nicht mehr zu ihrer alten Form zurückfinden. Bei einem gut trainierten Pferd verschlechtert sich die Grundkondition nicht wesentlich, wenn es eine Ruhepause einlegen muss. Das Pferd kann bis zu fünf Wochen in totaler Ruhe verweilen und es tritt keine physische Veränderung auf. Nach wenigen Wochen Bewegung im Schritt arbeitet es wieder ganz normal. Pferde, die allerdings eine noch längere Pause

Schwimmbassins für Pferde gibt es jetzt auch in Deutschland. Das kann eine große Hilfe sein, wenn Pferde bei bestimmten Arten von Verletzungen bewegt werden müssen.

einlegen mussten, brauchen eventuell ein Spezialtraining, um wieder ihren alten Leistungsstand zu erreichen.

Hier einige Vorschläge:

- Klettern, das wirkungsvoll ist, aber ein geringes Verschleißrisiko in sich birgt.
- Arbeit über Cavaletti. Sie kann stark variiert werden.

Nehmen Sie einen Trainer zu Hilfe, der mit wirkungsvollen Übungen dem Pferd helfen kann, die richtigen Muskelgruppen zu aktivieren.

- Legen Sie Gewichtsmanschetten für das Training spezieller Muskeln an. Das ist besonders empfehlenswert bei Muskelschwund, Gelenkschäden usw. Der Vorteil einer Gewichtsmanschette liegt darin, dass die Muskulatur eines einzelnen Beins, falls das nötig ist, trainiert wird.

Lassen Sie sich einen Plan von dem behandelnden Tierarzt entwerfen, in welchem Maße Sie die Gewichte erhöhen sollen.

Pulsfühlen

Durch regelmäßige Pulskontrollen können Sie verfolgen, wie das Pferd sein Pensum schafft und besitzen einen zuverlässigen Indikator, um das Pferd nicht zu überfordern. Informieren Sie sich genau bei Ihrem Tierarzt über die veränderten Pulswerte des Pferdes. Diese hängen unter anderem von der Verletzung, dem Allgemeinbefinden und den Schmerzen ab, die das Pferd vielleicht immer noch verspürt.

Schwimmtraining

Bei bestimmten Verletzungen wie Hufproblemen und Brüchen kann ein Schwimmtraining eine große Hilfe sein, um das Pferd wieder in Form zu bringen. Während des Schwimmens werden Muskeln, Herz und Lungen trainiert, ohne dass das Pferd dabei seine Beine belastet. In der Regel kommt es zu einer schnellen Heilung, da das Pferd einfach aktiviert wird. In England, vor allem im Galoppzentrum Newmarket, gibt es eine Reihe von Schwimmbassins für Pferde. Schwimmen wird dort als Therapie bei der Rekonvaleszenz und als Abwechslung beim Training gesunder Pferde eingesetzt.
Auch in Deutschland stehen einige Rekonvaleszenz-Ställe mit Schwimmbassins bzw. Aqua-Trainer für Pferde zur Verfügung. Wählen Sie im Bedarfsfall einen Stall mit fachkundigem Personal aus. Wenn die Pferde erst einmal Vertrauen zu dem Bassin gewonnen haben, empfinden sie das Schwimmen darin oft als äußerst angenehm. Schwimmen ist auch eine gute Trainingsalternative für Pferde, die etwas spröde und zarte Knochen besitzen und Schwierigkeiten haben, eine normale Trainingseinheit durchzustehen.

Das erwachsene Pferd

»Versuchen Sie nicht auf Kosten der Gesundheit des Pferdes Erfolge zu erzielen. Bei Wettkämpfen sind die Anlagen des Pferdes ausschlaggebend.«

PROF. SUNE PERSSON
Bahnbrechender Forscher innerhalb der Trainingsphysiologie

Ab seinem fünften Lebensjahr gilt ein Pferd als erwachsen. Ist es bis dahin sukzessive trainiert worden, dürfte einem Leben als Turnierpferd eigentlich nichts mehr im Wege stehen. Nun heißt es, das Pferd gesund zu erhalten und seine gesamte Widerstandskraft zu mobilisieren, so dass es Höchstleistungen erbringt.
Manche Pferde sind ausgesprochene Siegertypen und gehören lange Zeit zur absoluten Elite. Warum gerade diese Pferde so erfolgreich sind, ist oft nicht zu erklären. Dagegen ist es einfacher zu verstehen, warum eine Menge vielversprechender Talente sich nur zum Mittelmaß entwickelt oder ganz schnell sang- und klanglos von der Wettkampfbühne verschwindet. Die Art, wie wir die Pferde leben lassen, ist in vieler Hinsicht künstlich und unnatürlich. Deshalb müssen wir versuchen, diesen Nachteil auf bestmögliche Weise zu kompensieren. Das wird dadurch erreicht, dass Sie den Pferden zwischen Training und Turnieren ein so natürliches Pferdeleben wie nur möglich gewährleisten.

Rücksichtnahme auf die Bedürfnisse des Pferdes

Um zu verstehen, was für Pferde natürlich ist, müssen wir einen Blick zurück auf ihre Geschichte werfen. Das »Urpferd« *Eohippus*, von dem das heutige Pferd abstammt, lebte vor 60 Millionen Jahren. Die kleinen, mehrzehigen Pferde waren Blattfresser und entwickelten sich in Millionen von Jahren zu einzehigen, grasfressenden Steppentieren. Anhand von Malereien in Grotten und Funden von Pferdeknochen haben Forscher herausgefunden, dass das Pferd vor etwa 4000 bis 5000 Jahren gezähmt worden ist. Die folgende Zeit hat keine tieferen genetischen Spuren hinterlassen, ganz im Gegenteil. Bei den meisten unserer heutigen, sorgsam gezähmten Pferde liegt noch viel von den Instinkten und Handlungsweisen wilder Pferde unter der Oberfläche verborgen. Das muss berücksichtigt werden, wenn man seinem Pferd eine artgerechte Umgebung bieten will.

Die folgenden vier Bedürfnisse sind tief in den Genen der Pferde verwurzelt:
- Die Möglichkeit, oft zu fressen.
- Gesellschaft.
- Psychische Stimulanz für die Sinne.
- Bewegung.

Futter

Das größte Bedürfnis des Pferdes besteht darin, sich satt zu fressen und deshalb ist das Futter ein unerhört wichtiger Bestandteil in seinem Leben.

Pferde sind Herdentiere und wollen nicht allein sein. Oft entstehen starke freundschaftliche Beziehungen zwischen Pferden.

Bei Wildpferden machen die Suche nach einem Weideplatz und das Fressen drei Viertel ihres Daseins aus. Sie fressen im Durchschnitt 18 Stunden am Tag.

Um dieses Grundbedürfnis zu befriedigen, muss das Pferd oft gefüttert werden. Welches Futter wann gegeben wird, richtet sich nach dem jeweiligen Stall und danach, wie viel das Pferd arbeitet. Die empfohlenen Richtlinien besagen, dass ein Pferd mindestens 1,2 Kilogramm Heu pro 100 Kilogramm Lebendgewicht am Tag braucht.

Pferde benötigen viele Pflanzenfasern für eine gut funktionierende Verdauung. Deshalb müssen Tiere, die auf Sägespänen, Flachseinstreu, Torf oder Hobelspänen stehen, außer Heu auch frisches Stroh bekommen. Aus dem gleichen Grund dient es als Zusatz bei Heusilage oder Luzernepellets.

Das Kraftfutter sollte in mehrere kleinere Gaben aufgeteilt werden und in keinem Fall mehr als maximal 0,4 Kilogramm pro 100 Kilogramm Lebendgewicht übersteigen.

Denken Sie immer daran: Die Futtergabe richtet sich grundsätzlich nach der Arbeit, die das Pferd leisten muss.

Gesellschaft

Pferde sind Herdentiere und wollen nicht allein sein. Für Wildpferde ist es eine Frage des Überlebens, schließlich muss jemand Wache halten. Außerdem: Vier Augen sehen mehr als zwei ...

Auch wenn wir der Meinung sind, dass unsere zahmen Pferde diese Einstellung nicht mehr haben müssen, ist sie bei ihnen vorhanden.

Pferde schätzen auch das soziale Moment des gegenseitigen Reibens und Fliegenverscheuchens. Oft entstehen starke freundschaftliche Beziehungen zwischen zwei Pferden in einem Stall. Man hört auch immer wieder von bekannten Turnierpferden, dass sie bei schwierigen Wettkämpfen zur Beruhigung ein Pony als Maskottchen bei sich haben.

Man kann dem Pferd einen Stallkameraden zur Seite stellen, es in der Gruppe arbeiten, bei Jagden mitreiten oder Quadrillen üben lassen. Wie sehr Pferde das Herdengefühl schätzen, ist besonders gut beim Jagdreiten zu beobachten. Leider besitzen wir in dieser Hinsicht nicht die gleiche Tradition wie die angelsächsischen Länder, die auf diese Weise bei Generationen von Spring- und Vielseitigkeitspferden den Grundstein für ihr Springvermögen und ihre Leistungsbereitschaft gelegt haben. Aber auch bei uns in Deutschland werden jeden Herbst eine Reihe Jagden geritten und das ist eine ausgezeichnete Möglichkeit für das Jungpferd, sein Selbstvertrauen und seinen Mut beim Überspringen von Hindernissen zu erproben. Zudem bieten Jagden eine willkommene Abwechslung im Leben des erwachsenen Pferdes. Am besten sind eine Reihe von Reitjagden, deren Länge und Schwierigkeitsgrad stetig zunimmt.

Quadrille- und Abteilungsreiten wurden in den letzten Jahren zunehmend beliebter. Beide Formen stellen eine angenehme Art des Trainings

Die meisten Pferde schätzen Jagdreiten sehr, egal, ob sie groß oder klein sind.

Der Gang aus der Box ermöglicht es dem Pferd, seine Umgebung wahrzunehmen.

Wenn der Besitzer es nicht wagt, seine Pferde frei laufen zu lassen, muss der Bewegungsdrang auf andere Weise ausgelebt werden können. Das Pferd sollte beispielsweise zusätzlich zum Training mindestens eine Stunde pro Tag bewegt werden.

dar. Die Pferde entspannen sich, wenn sie zusammen in der Gruppe gehen. Oft tun das auch die Reiter, obwohl sie an vieles denken müssen wie den Abstand nach vorn, nach hinten und seitwärts zu halten. Dann bleibt keine Zeit, nur einfach draufzusitzen und jeden Schritt des eigenen Pferdes zu überwachen. Daraus ergibt sich oft ein wesentlich harmonischeres Reiten. Viele Reiter haben entdeckt, dass das Pferd bei solchen Gelegenheiten unglaublich gut geht.

Pferde mögen auch die menschliche Gesellschaft. Durch das tägliche Putzen und systematische Abtasten entwickelt sich ein enges Verhältnis zum Pferd und man baut gegenseitiges Vertrauen auf. Sprechen Sie mit dem Pferd und berühren Sie es.

Psychische Stimulanz

Die Sinne des Wildpferdes sind auf Wachsamkeit eingestellt und sein ganzer Körper ist so ausgelegt, dass er alles Neue in der Umgebung sofort wahrnimmt. Die einzige Überlebenschance hat seit Generationen darin bestanden, den Feind rechtzeitig zu entdecken und dann zu fliehen. Deshalb will auch ein gezähmtes Pferd, dass in seiner Umgebung alles überschaubar ist. So bekommt das Pferd mit, was ringsum passiert. Die Freilufthaltung wird diesem Bedürfnis bestens gerecht.

Ein Pferd lernt schnell, kann rasch eine Situation beurteilen und setzt blitzschnell zur Flucht an. Für Wildpferde bestand darin die einzige Überlebenschance. Bei einer Fehleinschätzung wurden sie zur Beute. Das hat dazu geführt, dass Pferde geistig sehr beweglich sind und eine angeborene Bereitschaft besitzen, Gefahren zu begegnen. Manchmal müssen auch zahme Pferde diese vorhandenen Kapazitäten ausleben dürfen. Führen sie ein zu ruhiges und friedliches Leben, können sie sich die verschiedensten Unarten angewöhnen. Zu wenig Stimulanz ist oft der Grund dafür, dass Pferde zu scheuen beginnen beziehungsweise sich von der geringsten Kleinigkeit auf dem Dressurzirkel oder vor Hindernissen ablenken lassen. Andere Pferde wiederum werden störrisch. Ein abwechslungsreiches Training mit Ausritten, Springen, Dressur und eventuell Ausfahrten ist in der Regel ein gutes Mittel, diesem Verhalten vorzubeugen. Damit wird die Psyche des Pferdes ausreichend stimuliert.

Bewegung

Bei wild lebenden Pferden ist die Suche nach Futter ganz natürlich mit Bewegung verbunden. Sie gehen dabei viele Stunden am Tag gemächlich Schritt für Schritt vorwärts. Die englische Ethologin Dr. Marthe Kiley-Worthington hat eine interessante Studie verfasst, die das zeitliche Verhältnis zwischen Stillstehen und Fressen am Tag bei vier verschiedenen Pferdegruppen untersucht:

1. Bei den wilden Pferdeherden in der Camargue beträgt dieses Verhältnis 20:60.
2. Bei acht Pferden in einem Auslauf mit freiem Zugang zu Heu und Stroh beträgt das Verhältnis 23:57.
3. Drei Pferde in ihrer Box in einem Stall – mit freiem Zugang zu Heu und Stroh und der Möglichkeit einander zu sehen und sich zu berühren – verbringen 40 Prozent des Tages mit Stillstehen und 47 Prozent der Zeit mit Fressen.
4. Pferde, die so im Stall untergebracht sind, dass sie sich nicht berühren können und nur über die Stalltüren hinweg sehen, verbringen bei einer Futtergabe von 3 Kilogramm Raufutter pro Tag 15 Prozent der Zeit mit Fressen und stehen 65 Prozent der Zeit still!

Leider gehören viele Turnierpferde der letzten Kategorie an, was völlig der Natur des Pferdes widerspricht. Reiter führen meist zu ihrer Verteidigung an, dass sie es nicht wagen, das Pferd frei auf der Weide oder in der Reithalle laufen zu lassen, weil das Verletzungsrisiko zu groß sei. Aber bei dieser Argumentation werden die psychischen Aspekte des Pferdes völlig außer Acht gelassen. Wie hoffentlich aus dem Vorangegangenen klar geworden ist, gehört stundenlange Bewegung zu den grundlegenden Bedürfnissen des Pferdes. Wem etwas an seinem Pferd liegt, der muss versuchen, eine Lösung für dieses Problem zu finden. Wer es nicht wagt, sein Pferd frei laufen zu lassen, muss Sorge dafür tragen, dass es beispielsweise mindestens eine Stunde pro Tag neben dem Training bewegt wird. Das Beste wäre, wenn sich alle Pferde, auch die wertvolls-

Durch eine längliche Weide werden die Pferde zu mehr Bewegung animiert.

ten Turnierpferde, mehrere Stunden am Tag auf einer großen Weide aufhalten könnten, die zu viel Bewegung einlädt. Eine Weide sollte länglich sein, damit das Pferd so richtig dahingaloppieren kann. Wer Verletzungen befürchtet, legt den Pferden Schutzbandagen an.

Unarten

Pferde, die sich nicht wohl fühlen, neigen zu Unarten, die nichts anderes als Verhaltensstörungen sind. Das abweichende Verhalten liegt darin begründet, dass den Pferden manchmal die Möglichkeit genommen wird ein artgerechtes Leben zu führen. Zu den Verhaltensstörungen zählen Weben, Holzfressen und Koppen.

Weben

Ein webendes Pferd führt unablässig dieselbe Bewegung aus und verlagert das Gewicht von einem Vorderbein auf das andere. Dabei pendelt es mit Hals und Kopf von einer Seite zur anderen und fällt nach einer gewissen Zeit in einen Trancezustand. Der Blick seiner Augen wird verschwommen und das Tier wirkt abwesend. Es wird angenommen, dass beim Weben bestimmte körpereigene Stoffe freigesetzt werden, durch die das Pferd in eine Art narkotischen Rausch fällt.
Ein Pferd, das jahrelang webt, bekommt schräge Hufe. Außerdem besteht für seine Vorderbeine ein erhöhtes Verletzungsrisiko.
Hengste weben häufiger als Stuten und Wallache und die Störung tritt wesentlich öfter bei Vollblütern auf als bei anderen Pferderassen. Eine andere Form des Webens besteht darin, dass das Pferd ständig in der Box umherwandert oder nach einem bestimmten Muster den Zaun entlangläuft und immer an genau der gleichen Stelle wendet. Wird so ein »Wanderpferd« angebunden, beginnt es oft zu weben.

Holzfressen

Holzfresser nagen die Einrichtung im Stall an. Wilde Pferde fressen Holz und Baumrinde, wenn es kein Gras mehr gibt. Es hat sich gezeigt, dass Pferde, die an der Boxeneinfassung nagen, oft zu wenig Raufutter bekommen. Manchmal ist auch ein starker Mangel an Proteinen daran Schuld. Wer also einen Holznager im Stall hat, sollte die Futtergaben daraufhin kontrollieren.
Das Gleiche gilt für Pferde, die ihren eigenen Kot fressen. Das deutet auf extreme Mängel in der Ernährung hin. Die Ursache dafür ist oft ein Ungleichgewicht zwischen der Kraft- und Raufuttermenge.
Dass Fohlen den Kot der Stute fressen, kommt häufig vor und ist kein Zeichen von einer Verhaltensstörung. Das geschieht zum Aufbau einer guten Darmflora.

Koppen

Ein koppendes Pferd sucht mit den Zähnen Halt auf der Kante der Futterkrippe oder auf einem anderen festen Gegenstand und saugt dabei die Luft mit einem ziehenden Geräusch ein. Wenn das Pferd einmal mit dieser Unart begonnen hat, ist es sehr schwierig, sie ihm wieder abzugewöhnen. Koppen wird als eine Verhaltensstörung angesehen, die schwer zu bekämpfen ist.
Viele glauben, wenn man einen Krippensetzer zu anderen Pferden in den Stall stellt, würde er sie »anstecken«. Das stimmt nicht. Statt dessen entscheiden das ganze Drum und Dran im Stall und die Abläufe, ob es hier mehrere Krippensetzer gibt oder nicht.
Wissenschaftliche Untersuchungen haben gezeigt, dass die Pferde die meisten Unarten besitzen, die in einer Box am äußeren Ende des Stalls stehen, wo sich viele Menschen hin- und herbewegen und meist die Fütterung beginnt. Deshalb ist es wichtig, sensible Pferde in eine ruhige Ecke des Stalls zu stellen.
Außerdem ist es sehr wichtig, dass sich das Pferd mit seinem Nachbarn in der Box versteht. Ist das nicht der Fall, kann ein Pferd richtig in Stress geraten und nervös werden, wenn es die ganze Zeit den drohenden Grimassen seines Boxennachbarn ausgesetzt ist. Es kann dann als Kompensation zu koppen beginnen.
In ganz besonderen Stress gerät der Krippensetzer, wenn er Kraftfutter bekommt. Dann braucht

er nur etwa 20 Minuten, um 2 Kilogramm Hafer zu fressen und ist verärgert, dass das Futter so schnell weg ist. Normalerweise braucht ein Pferd zwei Stunden zum Fressen von 3 bis 4 Kilogramm Heu.
Verhaltensforscher sehen das Koppen als eine Folge davon an, dass das Pferd leichtes Magendrücken verspürt, da es das Kraftfutter so schnell gefressen hat und sich nun Linderung verschafft, indem es Luft einsaugt.
Ein Krippensetzer, der nicht behandelt wird oder dessen Lebensgewohnheiten nicht verändert werden, kann abmagern, ein struppiges Fell bekommen, wiederholt unter Koliken leiden, teilnahmslos beim Reiten werden und abgenutzte Zähne im Oberkiefer bekommen.
Man sollte das Pferd regelmäßig beschäftigen und es in eine Box oder an eine Krippe stellen, die keine abstehenden Teile hat, damit das Pferd seine Zähne nicht aufsetzen kann. Allerdings ist nicht sicher, ob das hilft, wenn das Pferd die Unart schon verinnerlicht hat. Unter Umständen kann ein Kopperriemen Abhilfe schaffen. Dieser Halsriemen hindert das Pferd daran, die Muskeln zu bewegen, die es zum Schlucken von Luft braucht.
Chronische Krippensetzer können auch operiert werden.

Teilnahme an Turnieren?

Das Pferd ist eine hervorragende »Arbeitsmaschine«, vorausgesetzt wir füttern sie mit dem richtigen »Treibstoff« und sorgen in bestmöglicher Form für sie. Der Gewinn ist dann enorm hoch.
Pferde können in den unterschiedlichsten Bereichen eingesetzt werden: zum Beispiel bei Wettrennen in verschiedenen Formen (Trab und Galopp), als Spring- oder Dressurpferde, bei Vielseitigkeitsprüfungen, beim Fahren, Westernreiten oder Polosport.
Egal, ob Sie sich nun das Ziel gesteckt haben eine internationale Karriere zu starten oder auf Klubniveau beziehungsweise nur zum Vergnügen zu reiten, das Pferd muss auch Spaß an der Sache haben. Nur dann kann der Reiter oder Fahrer das Maximale aus ihm herausholen. Der Erfolg stellt sich meist dann ein, wenn der Reiter ein absolutes Gespür dafür hat, was er von seinem Pferd fordern kann, wenn es gesund ist und sich wohl fühlt. Man muss ein feines Ohr für die Signale des Pferdes besitzen, um frühzeitig eine physische oder psychische Verschlechterung erkennen zu können.

Die folgenden vier Punkte wurden bereits in früheren Kapiteln angesprochen. Da sie so enorm wichtig sind, sollen sie hier noch einmal genannt werden. Von ihnen kann Erfolg oder Misserfolg abhängen:

- **Stallbandagen.** Legt man dem Pferd an den Tagen, an denen es anstrengende Arbeit geleistet hat, routinemäßig nachts Stallbandagen an, kann verhindert werden, dass kleinere Verletzungen sich zu großen Problemen entwickeln. Die Stallbandage wärmt das Bein des Pferdes und fördert die Durchblutung.
- **Die systematische Untersuchung** gibt dem Reiter eine ausgezeichnete Möglichkeit, jedes einzelne Pferd kennen zu lernen und frühzeitig kleinere Abweichungen in der Muskulatur oder Anomalien an den Beinen festzustellen. Dazu gehört auch, dass die Körpertemperatur und der Ruhepuls gemessen werden.
- **Aufwärmen und Entspannen im Schritt.** Wenn man dafür sorgt, dass der Körper des Pferdes vor der Arbeit gut aufgewärmt wird, bekommt man eine »Arbeitsmaschine«, die bei Bedarf volle Leistung bringt. Danach muss das Pferd verschnaufen und entspannen dürfen, damit die Schlackenprodukte aus dem Körper gelangen und das Pferd wieder seine alte Frische erlangt.
- **Abwechslungsreiche Arbeit auf unterschiedlichen Böden.** Sie empfiehlt sich, um Verschleißschäden zu vermeiden, die leicht bei einseitigem Training entstehen können. Abgesehen davon stimuliert diese Art von Arbeit die Psyche des Pferdes.

Das Ziel ist ein gut trainiertes Pferd, das froh und willig die Befehle ausführt, die man ihm gibt.

Anhang

Informationen

Deutsche Reiterliche Vereinigung e. V.
Bundesverband für Pferdesport und Pferdezucht – Fédération Equestre Nationale (FN)
Freiherr-von-Langen-Straße 13
48231 Warendorf

Regionale Landesverbände der Reit- und Fahrvereine bestehen in: Baden-Württemberg, Bayern, Berlin-Brandenburg, Bremen, Hamburg, Hessen, Mecklenburg-Vorpommern, Niedersachsen, Nordrhein-Westfalen, Rheinland-Pfalz, Saarland, Sachsen, Sachsen-Anhalt, Schleswig-Holstein und Thüringen.

Dem FN-Bereich Zucht sind folgende Mitgliedsverbände zugeordnet:
Pferdezuchtverband Baden-Württemberg e. V. • Landesverband Bayerischer Pferdezüchter e. V. • Pferdezuchtverband Berlin-Brandenburg e. V. • Verband hannoverscher Warmblutzüchter e. V. • Verband hessischer Pferdezüchter e. V. • Verband der Züchter des Holsteiner Pferdes e. V. • Verband der Pferdezüchter Mecklenburg-Vorpommern e. V. • Verband der Züchter des Oldenburger Pferdes e. V. • Rheinisches Pferdestammbuch e. V. • Pferdezuchtverband Rheinland-Pfalz-Saar e. V. • Pferdezuchtverband Sachsen e. V. • Pferdezuchtverband Sachsen-Anhalt e. V. • Verband Thüringer Pferdezüchter e. V. • Verband der Züchter und Freunde des Ostpreußischen Warmblutpferdes des Trakehner Abstammung e. V. • Westfälisches Pferdestammbuch e. V. • Zuchtverband für das Ostfriesische und Alt-Oldenburger Pferd e. V. • Verband der Züchter des Arabischen Pferdes e. V. (VZAP) • Zuchtverband für Shagya-Araber, Anglo-Araber und Araber e. V. (ZSAA) • Friesenpferde-Zuchtverband e. V. • Stammbuch für Kaltblutpferde Niedersachsen e. V. • Pferdestammbuch Schleswig-Holstein/Hamburg e. V. • Bayerischer Zuchtverband für Kleinpferde und Spezialrassen e. V. • Verband der Pony- und Kleinpferdezüchter Hannover e. V. • Verband der Ponyzüchter Hessen e. V. • Pferdestammbuch Weser-Ems e. V. • Zuchtverband für deutsche Pferde e. V. • (ZfdP) Deutscher Pinto Zuchtverband e. V.

Tierärztlicher Rat

B nach der Seitenangabe = Bild, f = Fortsetzung auf der nächsten Seite

Register

B nach der Seitenangabe = Bild, f bzw. ff = Fortsetzung auf der/den nächsten Seite/n

Know-how für die Ausbildung

Stefan Radloff
Reitausbildung mit System
In Text und Grafik präzise demonstriert: Grundlagen und systematisch aufgebaute Tageslektionen für die Dressur- und die Springausbildung; die optimale Zusammenarbeit zwischen Reiter und Pferd.

BLV Freizeitreiten
Silvia C. Strauch
Wie Pferde denken
Verständigung zwischen Mensch und Pferd; praxisgerechte Übungen für eine bessere Kommunikation.

BLV Freizeitreiten
Christine Lange
Das gesunde Pferd
Mehr Lebensqualität für Pferde durch artgerechte Haltung; individuelle Fütterung, sorgsame Pflege, Erste Hilfe u.v.m.

BLV Freizeitreiten
Silvia C. Hofmann
Pferde natürlich halten
Ein naturgemäßes Zuhause für Pferde schaffen, das den artgerechten Bedürfnissen entspricht; verschiedene Haltungsarten – verdeutlicht anhand von vier Praxisbeispielen.

Jackie Budd
Pferde besser verstehen
Die Natur des Pferdes besser verstehen – Basis für eine gute Beziehung zwischen Mensch und Pferd: Instinktverhalten und Evolution des Pferdes, Charakterzüge und Verhaltensweisen, Lernverhalten, Intelligenz und Ausbildung.

John Lyons und
Sinclair Browning
Pferdetraining ohne Zwang
Pferdeausbildung mit John Lyons – Nummer eins der Trainer in den USA: effektive Lerneinheiten nach dem System der kleinen Schritte von der Round-pen-Arbeit über die Bodenarbeit bis zur Ausbildung des Pferdes in Dressur und Gelände.

Gerhard Kapitzke
Zügelführung mit Gefühl
Das Zwiegespräch zwischen Reiterhand und Pferdemaul mit einfühlsamer Zügelführung; die Grundprinzipien der Zügelführung, ihre verschiedenen Wirkungsweisen und deren pferdegerechte Anwendung.

BLV Pferdepraxis
Susanne Kappmeier
Ich möchte ein Fohlen haben
Basiswissen und Praxistipps für alle, die erstmals ein Fohlen züchten möchten: Voraussetzungen, die Geburt des Fohlens, Haltung von Stute und Fohlen, Aufzucht und Erziehung des Fohlens, Kostenaspekte.

Im BLV Verlag finden Sie Bücher zu den Themen: Garten und Zimmerpflanzen • Natur • Heimtiere • Jagd und Angeln • Pferde und Reiten • Sport und Fitness • Wandern und Alpinismus • Essen und Trinken

Ausführliche Informationen erhalten Sie bei:

BLV Verlagsgesellschaft mbH
Postfach 40 03 20 • 80703 München
Tel. 089/127 05-0 • Fax -543 • http://www.blv.de